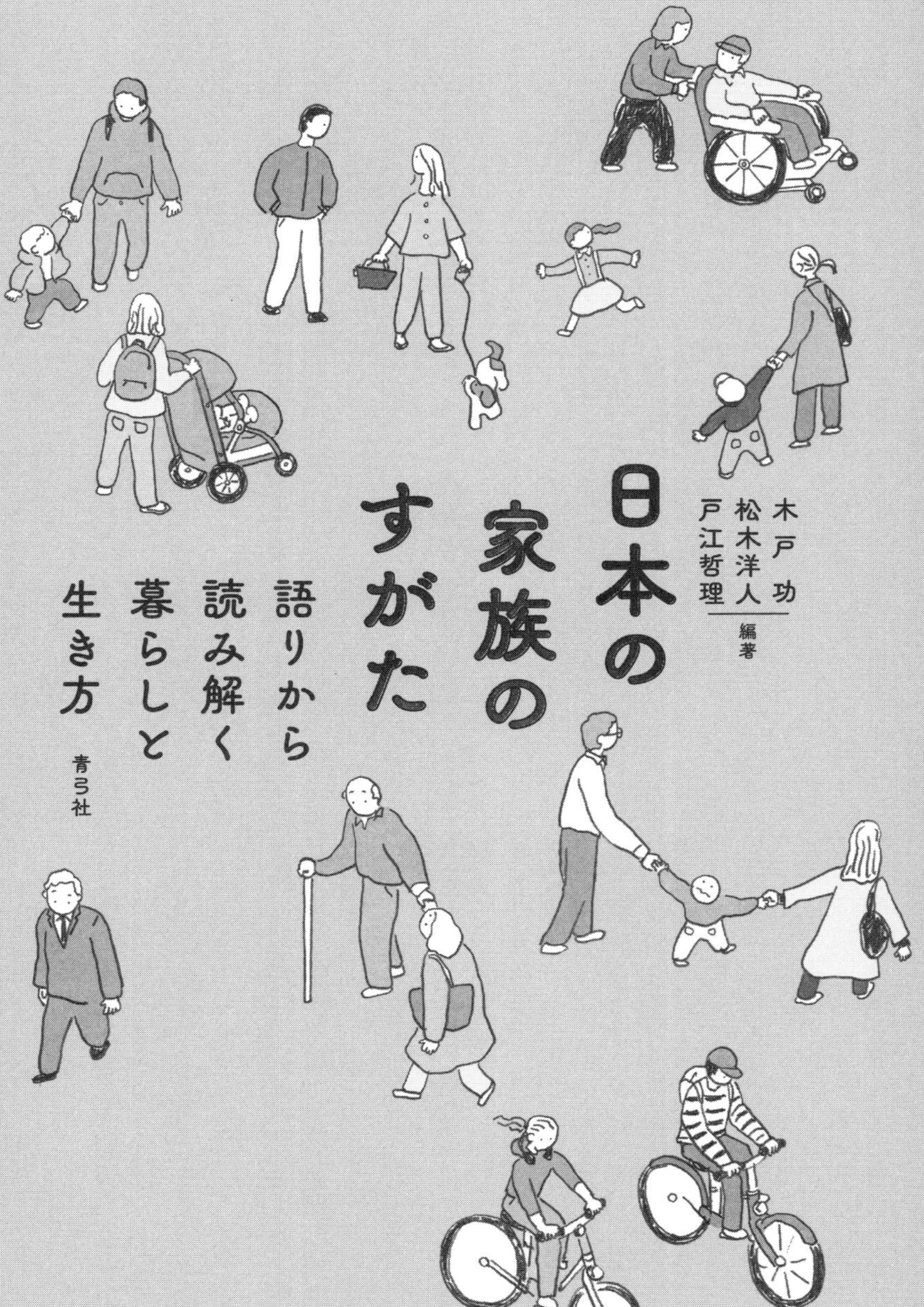

木戸功
松木洋人
戸江哲理
編著

日本の家族のすがた

語りから読み解く暮らしと生き方

青弓社

日本の家族のすがた——語りから読み解く暮らしと生き方

目次

装画——須山奈津希
装丁——Malpu Design［清水良洋］

凡例

［1］単行本は『　』で、新聞・雑誌名は「　」で示し、それらに掲載された記事タイトルは「　」で示している。

［2］インタビュー中の〔　〕内は著者の補足、［　］内はインタビュアーの発言である。

［3］各章で用いられる協力者の名前はいずれも仮名であり、本書のなかでは同一人物は同じ姓で表記する。

序章　NFRJ18質的調査と戦後日本の家族変動

木戸 功

はじめに

本書は第四回全国家族調査（NFRJ18）質的調査によって収集されたインタビュー・データを用いて、日本の家族のあり方について社会学の立場から考察した十三の論考からなる。全国家族調査とは、日本家族社会学会が事業の一環として一九九八年度から実施している社会調査である。[1]もともとは調査票を用いた量的調査が実施されてきたが、二〇一八年度から実施したNFRJ18では、新たな取り組みとして、量的調査に続いて質的調査を実施した。本論に先立ちここでは、この調査とそれを担ったNFRJ質的調査研究会の概略を述べるとともに、[2]戦後の日本社会での家族のあり方を振り返ることで、読者を各章へと招待したい。

1　研究プロジェクトと調査の概要

この調査を実施するために申請した科学研究費補助金が採択され[3]、二〇一七年四月からNFRJ18質的調査の研究プロジェクトが実質的に動き始めることになった。このプロジェクトでは、すでに実施されてきた全国家族調査と同様に、データのアーカイブ化と公開を前提とした調査を設計し、実査をおこなった[4]。私たちは社会調査データをそれを収集した研究者の占有物というよりも、その提供者をも含む社会における公共財であるべきだと考えている。そしてそのようなデータを社会に公開していくことによって、とりわけ学術研究の一環として実施される社会調査を「社会化」したい。そうすることで、社会生活を営む人々にとって、社会調査がより受け入れられやすいものになればいい。また、データを公開することは、それを用いた分析の妥当性を検証する機会をつくることにもつながるため、質的研究の水準を高めることに寄与できるのではないかと考えている。

リサーチクエスチョンとデータ

NFRJ18質的調査ではその設計にあたって二種類のリサーチクエスチョン（RQ）を設定した。RQ1は「どのように家族生活・家族関係が形成・維持されてきた／されているのか」という問いであり、そこでは人々の家族をめぐる経験の過程に着目した。他方でRQ2は「家族は／で何をしているのか」という問いであり、そこでは現在の家族生活・家族関係にまつわる人々の実践に着目した。そしてRQ1に対してはインタビューをおこない、RQ2に対しては日常的な家族生活の場面についての録画データを収集した。

本書の十三の章で分析の対象になるデータはRQ1に応じて実施されたインタビュー調査によって得られたものであり、それらは「語り」や「ナラティブ」「物語」などとも称される言説的な「制作されたデータ」(5)である。これによって二十世紀なかごろ以降から現在に至るまでに経験されてきた家族をめぐる語りを収集することを目指した。すなわち、調査協力者が生まれ育った定位家族に関する語りと、多くの場合、離家を経て結婚を契機に形成された生殖家族に関する語りとである。

またこのインタビュー調査では、それが質的調査であることを強く志向して、量的調査によっては扱うことができないような現実への接近を試みた。より具体的には、日常生活で、人々が家族をめぐる概念をどのように用いているのかに着目し、語りからみえる人々の論理のあり方や、人々が用いるさまざまな概念間の連関をできるだけ詳しく記述するような調査を設計した。本書の編者のうち木戸功と松木洋人が中心になり参加を呼びかけた者に加えて、学会内での公募に応えてくれた者を合わせて三十人ほどのメンバーによってNFRJ質的調査研究会は編成された。二〇一七年九月に実施したキックオフミーティングの時点でメンバーには、大学院生を含む若手から大学に勤務する中堅やベテランまでが含まれていたが、それぞれが研究者として自らのテーマをもち社会学的な経験的研究に従事してきた者たちである。メンバーはインタビュー調査のために組織された四つの研究班（多様性班、家族と高齢者班、子育て班、結婚・ワークライフバランス班）に分かれて、調査の計画、対象選定、実査、データ作成という一連のプロセスを共同研究として実践した。

対象選定

調査対象者の選定にあたっては、二〇一九年一月から実施された量的調査の回答者のうちで、五月末時点でその回答結果を把握することができていた二千九百七人のなかから六百三十人に第一次依頼をおこなった。そのうちの二百七十五人は量的調査の最後の設問でおこなった続くインタビュー調査への協力の意向の確認で「協力を前向きに検討したい」と回答した方々である。これに加えて、「内容によっては協力を検討してもよい」と回答した九百五十四人のうち各研究班が設定した対象者の条件に合致する三百五十五人を選定した。(6)

第一次依頼に対しては、同封した葉書もしくはオンラインのフォームを通じて二百十四人から応諾の連絡をもらった。続いて応諾者が住んでいる地域などを勘案しながら、各研究班で候補者を選定した結果、合計百九人を本調査の対象者候補とすることになった。こうして予算（研究費）と調査に充てることができる時間（日程）などを考慮しながら、おおむね百人、すなわち百ケース（各班二十五ケース）を目標として、二〇一九年七月から日程調整も含めた調査の第二次依頼を開始した。プロジェクトのメンバーの多くは大学に勤務するため、実査のほとんどは一九年度の夏休みの期間を利用して実施された。

方法と調査項目

調査は半構造化インタビューという方法を用いて実施した。これは、調査票を用いてその順番どおりに質問して回答を引き出す構造化インタビューと、フリーハンドでおこなわれる非構造化インタビューの中間に位置づけられるようなインタビューの方法である。現代の社会学では、インタビューを用いた多くの質的調査で採用されているポピュラーな方法である。半構造化インタビューでは、構造化された調査票に代わって必要最低限の調査項目を列挙したインタビューガイドと呼ばれるリストを作成して実査に臨むことが一般的である。リストに掲載した項目についてはいずれも回答を得る必要があるが、その順序などは問わずに、できるだけ自由に語ってもらい、さまざまなエピソードを含む協力者の語りを引き出すようなインタビューを目指す。

NFRJ18質的調査では、すべての協力者に共通する調査項目として、誕生から現在に至るまでの家族にまつわる生活史に加えて、四つの研究班それぞれの関心に基づく項目を設定した。共通項目としては、基本的な経歴（居住地の経歴や学歴、職業経歴）に加えて、①生まれ育った定位家族について、②定位家族から結婚を機に形成する生殖家族への移行（とりわけ離家）について、③生殖家族について、④家族をめぐる転機について（「これまでの人生を振り返ってみて、あれがなかったらいまの家族生活はなかったかもしれないと思うような重要な出来事」）を設定した。

研究班ごとに設定した項目としては、多様性班は主として非初婚継続家族にまつわる経験、例えば、離死別、再婚などのライフイベントやひとり親としての経験について、また、家族と高齢者班は、成人後の親（義親を含む）やきょうだいとの関係などについて聞いている。子育て班では、妊娠から出産・育児に至るプロセスについて、また、結婚・ワークライフバランス班では、仕事や家事・育児の役割分担に加えて夫婦関係に照準する項目（愛情など）を細かく設定した。

すべての調査項目をチェックボックス（□）とともに列挙し、インタビューガイドを作成して調査に臨んだ。また、調査を通じて調査者が質問をしてもしなくても語りが得られた場合、調査者はチェックボックスに印（✔）を入れることでその項目の聞き取りをすませたものと見なす。そうしてすべてのチェックボックスに印を入れたところで、調査は終了へと向かうのである。

実査

二〇一九年八月六日に最初のケースの調査を実施し、同年の十一月三十日に最後のケースの調査を実施した。調査にあたってはプロジェクトのメンバーが二人一組（主担当、副担当）で一つのケースを担当することを原則とした。一つのケースに要した時間はおおむね二時間程度であり、場所は可能であれば協力者の自宅とし、それ以外の場合は協力者の希望（カフェやファミリーレストランなど）に応じた。すべてのメンバーが同一モデルのＩＣレコーダーを所持するとともに、調査の際は二台のレコーダーによる録音を原則とした。最終的に百一ケースのインタビュー調査を実施した。

百一人の協力者の居住地は結果として国内に大きな偏りなく分布し、性別の内訳は女性六十七人、男性三十四人である。最も年長の協力者は一九四七年生まれでいわゆる団塊の世代にあたり、五人が該当する。そのうちの一人は高度経済成長期に十代を過ごし、さらに離家そして結婚を経験し、その後、妻と三人の子どもによる家族生活を営んできた方である。また、最も若い八九年生まれの協力者は平成という時代とともに生きてきた世代であり、そのうちの一人は高校卒業後に離家し、大学を卒業して会社員になったあとに二十八歳で結婚し、翌年に第一子が、その翌年に第二子が誕生し、二〇一九年の調査時点で妻と二人の子どもとともに暮らしていた方である。本調査は、日本で近代家族が普及していった一九五〇年代から七〇年代、さらにその成熟期といえる八〇年代、そして九〇年代以降のその変革期までの時代状況のなかで人々によって生きられた家族の経験をめぐる語りを収集したことになる。

2　日本社会の家族変動

この調査で協力者が語った家族が、協力者である人々によって生きられていたころの日本社会とはいったいどのような社会だっただろうか。第二次世界大戦後の二十世紀なかごろから現在に至るまでを振り返りながら、その間に示されてきた家族社会学による知見についても簡単に整理しておこう。

近代社会と近代家族

第二次世界大戦後の復興期を経たのち、高度経済成長期を含む一九五〇年代から七〇年代までの時期に、日本社会は大きな変容を経験し、人々の生活のあり方も大きく変わった。近代家族という家族のあり方が浸透していったのである。この時期の日本社会は産業構造が転換し、工業化が進んだ。[7]農家など自営業の場合と異なり、勤めに出ることで、働く場所と住まいが物理的に分離することになる。プライバシーという考え方の普及もあり、家族の生活空間が私的な領域であることが期待されるようにもなった。産業構造の転換はまた、女性の主婦化も生じさせた。経済成長を背景にして、サラリーマンになった男性の経済力が持続的に高まり、妻と子どもを養うに十分な収入を得る男性が増加したためでもある。

日本でテレビ放送が開始された一九五三年は電化元年とも呼ばれ、それ以来、家庭生活にいわゆる白物家電が普及していくことになる。現在ではあって当たり前の冷蔵庫や洗濯機などは五〇年代から家庭生活の場に普及していったものだ。五八年の暮れには東京タワーが開業する。六〇年代に入ると、六二年の首都高速道路の開通、六四年の新幹線の開業、そして東京オリンピックの開催、さらに七〇年には日本万国博覧会（大阪万博）の開催とこの時代を象徴するような出来事が続く。

この時期の結婚については、見合い結婚から恋愛結婚への転換が生じるとともに、[8]初婚に関していえば、平均年齢は女性が二十四歳程度、男性が二十七歳程度であった。[9]出生の動向に目を向けると、一九五〇年代を通じて合計特殊出生率が四台から二・一程度まで急速に低下し少産化が進んだ。その後、丙午の六六年を例外として七〇年代なかごろまで安定する。[10]こうして働く夫と専業主婦の妻に加えて二人から三人の子どもという家族のあり方がごく当たり前のものになっていく。[11]一つの指標として一般世帯に占める核家族世帯の割合（核家族率）をみると、そのピークは八〇年である。[12]

この時期に生じた家族変動の概略はおおむねこのように記述できる。

現代社会と現代家族

変化の兆しがみられるようになるのは、近代家族の成熟期でもあるおおむね一九八〇年代からである。合計特殊出生率が人口置換水準を下回り回復しない傾向を少子化と呼ぶが、それは七〇年代なかごろから始まって現在まで続いている。[13] 昭和から平成に元号が移り変わった八九年の出生率が丙午の六六年の値を下回ったことが明らかにされた九〇年には「一・五七ショック」が喧伝された。平均初婚年齢は八〇年代以降上昇傾向にあり、いわゆる晩婚化が進むことで、二〇二〇年時点でみると結婚は男女ともにおおむね三十歳前後に経験するライフイベントになった。[14] また、五十歳時の未婚割合もとりわけ二〇〇〇年代以降上昇し、同じく二〇年時点でみると女性は七人に一人が、男性は四人に一人がいわゆる「生涯未婚」である。[15]

一九八五年には、妻の年齢が六十四歳以下の世帯のうちで、男性雇用者と無業の妻からなる世帯は九百三十六万世帯であるのに対して、雇用者の共働き世帯は七百十八万世帯であった。その後九〇年代を通じて両者の数は拮抗し、二〇〇〇年代以降になると入れ替わる。二一年に至り、前者は四百五十八万世帯、後者は千百七十七万世帯になった。[16] これは一見すると性別役割分業に基づく男性雇用者と専業主婦からなる家族から、夫婦が共働きの家族への変化とも受け取れるが、現在はその過渡期にあるようだ。雇用者の共働き世帯のうち、妻がフルタイム（週三十五時間以上就業）の世帯はその数に大きな変化はなく（一九八五年：四百六十一万世帯、二〇二一年：四百八十六万世帯）、共働きの世帯の増加に寄与したのは妻がパート（週三十五時間未満就業）の世帯である（一九八五年：二百二十八万世帯、二〇二一年：六百九十一万世帯）。

一夫婦あたりの子どもの数に目を向けると、おおむね一九五〇年代から八〇年代に結婚した夫婦の平均子ども数は二・二人程度だが、その数はその後減少傾向にあり、二〇〇〇年代に入って結婚した夫婦では一・九〇人である。また、子どもの数別にみた夫婦の割合からは、二人の子どもをもつ夫婦が過半数を占めることには変わりがないが、とりわけ一九八〇年代後半以降に結婚した夫婦では、子どもをもたない夫婦が微増していること、子どもが一人の夫婦が増えているのに対して、三人以上の子どもをもつ夫婦が減っていることがわかる。(17)

多くの人が一定の年齢になると結婚し、夫は稼ぎ手、妻は専業主婦になり、二人から三人の子どもをもつという近代社会に典型的とされる家族のあり方は、変化しつつあるようにみえる。『出生動向基本調査』によれば、未婚女性が理想とするライフコースについては、一九九〇年代初頭までは、専業主婦コースを選ぶ者が最も多かったが、その後しばらくの間は再就職コースが最多になり、一貫して増加傾向にあった両立コースが二〇二〇年代に至って最多になった。未婚男性がパートナーに望むライフコースについても同じことが指摘できる。(18)

〈戦後家族モデル〉と家族研究

おおむね高度経済成長期に確立された家族のあり方について、落合恵美子はそれを「家族の戦後体制」と呼んでいる。落合の議論は、「家族愛の絆で結ばれ、プライバシーを重んじ、夫が稼ぎ手で妻は主婦と性別分業し、子どもに対して強い愛情と教育関心を注ぐような家族」、つまり「近代家族」が、一定の人口学的条件のもとで実現されたことを論じているところに特徴がある[19]。すなわち、こうした家族のあり方は一九二〇年代なかごろから四〇年代という人口転換期に生まれた多産少死の特徴をもつきょうだいが多い世代によって実現されたものであり、七〇年代まで観察できる核家族化という現象も三世代家族を維持したまま進行したのである[20]。

また、山田昌弘はそれを「戦後家族モデル」と呼んでいる。それは「「夫は仕事、妻は家事・子育てを行なって、豊かな家族生活を目指す」家族モデル」である。山田によるとこのモデルは、理想的な価値意識として人々に共有されるとともに、家族に期待される機能を首尾よく果たすように構成されていた。そして、実際に多くの人々にとって実現可能な家族のあり方だったという[21]。

落合や山田はいずれも一九八〇年代以降現在に至るまで、戦後の日本社会で形成された家族のあり方を批判的に検討してきた社会学者だが、田渕六郎は彼らの議論を「〈戦後家族モデル〉」と一括りにしたうえで、それがとりわけ九〇年代以降の「雇用の不安定化や未婚化が進み、現在の家族が過去とは大きく異なった文脈に置かれているという現状認識のもとに、過去を回顧して組み立てられた理論という側面を持っている[22]」ことに注意を促している。そのうえで、女性の「主婦化仮説」に限定して、統計データを用いてその経験的妥当性が検討されている。分析の結果、高度経済成長期で有配偶女性の就業のあり方は確かに変化したが、都市と地方ではその変化のあり方に違いがあったことが明らかにされた。すなわち、女性の主婦化は「大きな地域的偏差を伴いながら進展した[23]」ことが示唆されている。こうした検討をふまえて、田渕は〈戦後家族モデル〉という「モデルじたいをさらに吟味すること」が現代の家族研究にとって「重要な課題であり続けている(24)」と述べている。

すでに触れたように、とりわけ一九九〇年代以降、戦後の日本社会で形作られてきた社会と家族のあり方には変化がみられる。しかしながら、この現代の家族変動にも地域的偏差を含めたさまざまな側面があると考えられる。NFRJ18質的調査によって得られたデータを用いて、戦後から現在に至るまでの日本社会での家族を記述し分析することで、〈戦後家族モデル〉の妥当性を吟味しながら、家族をめぐる社会学的研究に寄与したい。

おわりに

調査協力者の方々によって語られた家族は、前節で簡単に振り返ってきたような戦後から現在に至る社会状況のなかで経験され生きられてきた家族である。私たちのインタビュー調査によって得られた音声データは、それぞれの調査終了後に逐語で文字起こしをして文書化したあとに、個人が特定できる情報をすべて秘匿化してデータ化し、調査協力者の確認を経たうえで本書の各章で用いている。以下、簡単に各章を紹介して結びとしたい。

第1部「家族になる／家族と別れる」では、家族形成の主要なきっかけである結婚とそこからの離脱である離婚に着目した。第1章「結婚の選択における親の影響」(齋藤直子)では結婚に際しての親の介入のあり方を、また第2章「妊娠先行型結婚の語りにみる世代差」（永田夏来）では、妊娠をきっかけとした結婚に着目してその語りを考察している。続く第3章「離婚の語りにみる日本夫婦の親密性」（大森美佐）では、離婚をめぐる語りの分析を通じて夫婦の親密性のあり方を、また第4章「離別女性の生活再建――サポートネットワークを中心に」（安藤藍）では、離婚後の女性の生活のあり方を考察している。

第2部「子どもを育てる／家事をする」では、子育て中の家族の経験に着目している。第5章「世代間比較の語りからみる親であるという経験」（松木洋人）では自分の親と親としての自分を比較する語りに着目して、親であることをめぐる経験について考察している。夫の家事をテーマとした章は二つあり、第6章「夫の家事・子育てをめぐる妻のジレンマ」（鈴木富美子）ではそれを妻の側から、第7章「家事に向き合う男性の意識――損得や快苦や繁閑とは異なる家事の規定要因」（須長史生）では夫の側からそれぞれ取り上げている。前者は、自らが期待するほどには家事や子育てをしない夫に対する妻の側の対応のあり方に、後者は男性が家事をするようになったきっかけに着目して考察がなされている。第8章「子育て主婦とキャリアの見通し――中断から再就職の間で」（里村和歌子）では子育て中の主婦の今後のキャリアの見通しを、そして第9章「家族は余暇をどう過ごしているのか――What game shall we play today?」（戸江哲理）では余暇を通じた家族のあり方を考察している。

第3部「家族と老いる／家族を思う」では中期と後期のライフステージに目を向ける。第10章「成人後の親子関係――実の親・義理の親と関係が「よくない」人の語りから」（田中慶子）では、親や義親との関係がいいわけではないケースに着目して成人後の親子関係を、第11章「介護・相続にみる中年期以降のきょうだい関係とアンビバレンス」（吉原千賀）では、アンビバレンスという観点から中年期以降のきょうだい関係について考察している。続く第12章「「仕事を辞めること」の語りと夫婦関係」（水嶋陽子）では、加齢に伴って仕事を辞めることと夫婦関係のあり方を考察している。そして最後の第13章「高齢期の人生回顧――団塊世代は職業・家族をどのように振り返るのか」（笠原良太）では、団塊の世代に着目して「家族をめぐる転機」を考察している。

特に第3章と第4章、第6章と第7章は相互に関連した内容を扱っているが、各章はそれぞれ独立したものであり、どこからお読みいただいてもかまわない。なお各章で用いられる協力者のお名前はいずれも仮名である。十三の章を通じて五十九ケースの語りを取り扱っていて、三つ以上の章で取り扱っているケースも六つある。十三の論考から、戦後の日本社会で生きられた日本の家族のどのようなすがたが浮かび上がるだろうか。

注

（1）本調査の成果物のうち書籍として刊行されたものは、次のとおりである。渡辺秀樹／稲葉昭英／嶋﨑尚子編『現代家族の構造と変容――全国家族調査（NFRJ98）による計量分析』東京大学出版会、二〇〇四年、藤見純子／西野理子編『現代日本人の家族――ＮＦＲＪからみたその姿』（有斐閣ブックス）、有斐閣、二〇〇九年、稲葉昭英／保田時男／田渕六郎／田中重人編『日本の家族1999-2009

——全国家族調査［ＮＦＲＪ］による計量社会学』東京大学出版会、二〇一六年

(2) この調査の概要については次のものも参照されたい。木戸功「NFRJ18質的調査の概要——インタビュー調査を中心に」、日本家族社会学会編「家族社会学研究」第三十三巻第二号、日本家族社会学会、二〇二一年、二二三—二二八ページ、木戸功／戸江哲理／松木洋人「全国家族調査における質的調査のとりくみ」、社会調査士資格認定機構編「社会と調査」第二十八号、社会調査士資格認定機構、二〇二二年、二七—三四ページ

(3) NFRJ18質的調査はＪＳＰＳ科研費基盤研究（B）17H02596「現代家族の過程と実践をめぐる質的研究に対する組織的取り組み」（研究代表者：木戸功）の助成を受けて実施された。本書はその成果の一部である。

(4) 現在、二次分析が可能なデータの作成が継続中である。

(5) デイヴィッド・シルヴァーマン『良質な質的研究のための、かなり挑発的でとても実践的な本——有益な問い、効果的なデータ収集と分析、研究で重要なこと』渡辺忠温訳、新曜社、二〇二〇年、四〇ページ

(6) 量的調査では次のような質問文によってインタビュー調査への協力の意向を確認した。
「私どもでは、この調査にご協力いただいた方のなかのごく一部の方に、匿名のインタビュー調査を改めてお願いし、具体的な家庭生活での困難やお気持ちについてお尋ねすることを計画しています。あなた様が選ばれた場合には、インタビューの主旨や内容、時間、謝礼などをご説明し、改めてご都合をお尋ねするお手紙を送らせていただきます。

　このような追加の調査をお願いすることになった場合、協力を前向きに検討いただけますでしょうか。いまのお気持ちに一番近いものをお選びください」

(7) 国立社会保障・人口問題研究所編『人口統計資料集2023年度 改訂版』国立社会保障・人口問題研究所、二〇二三年、表8―7「産業(3部門)別就業人口および割合：1920〜2020年」

(8) 国立社会保障・人口問題研究所『現代日本の結婚と出産――第16回出生動向基本調査(独身者調査ならびに夫婦調査)報告書』二〇二三年、四八ページ

(9) 前掲『人口統計資料集2023年度改訂版』、表6―12「全婚姻および初婚の平均婚姻年齢：1899〜2021年」

(10)『こども白書 令和6年版』こども家庭庁、二〇二四年、二ページ

(11) 落合恵美子『21世紀家族へ――家族の戦後体制の見かた・超えかた[第4版]』(有斐閣選書)、有斐閣、二〇一九年

(12) 前掲『人口統計資料集二〇二三年度改訂版』、表7―11「家族類型別世帯数および割合：1920〜2020年」

(13) 前掲『こども白書 令和6年版』二ページ

(14) 前掲『人口統計資料集2023年度改訂版』、表6―12「全婚姻および初婚の平均婚姻年齢：1899〜2021年」

(15) 内閣府男女共同参画局編『男女共同参画白書 令和4年版』内閣府、二〇二三年、一二ページ

(16) 同書一八ページ

(17) 前掲『現代日本の結婚と出産』五四―五六ページ

(18) 同書三四ページ

(19) 前掲『21世紀家族へ』viiページ

(20) 同書七三―九一ページ

(21) 山田昌弘『迷走する家族――戦後家族モデルの形成と解体』有斐閣、二〇〇五年、九〇―九一ページ
(22) 田渕六郎「〈戦後家族モデル〉再考」、「学術の動向」編集委員会編「学術の動向」第二十三巻第九号、日本学術協力財団、二〇一八年、一七ページ
(23) 同論文一九ページ
(24) 同論文二〇ページ

第1部　家族になる／家族と別れる

第1章　結婚の選択における親の影響

齋藤直子

1　親が結婚に「口をはさむ」ことは当たり前か

結婚に「親」などが「口をはさむ」ことをめぐっては、多様な意見があると思われる。(1) 親は子どもの結婚に一切関与すべきでないという人もいるだろうし、むしろ親が見合い相手を見つけてくるぐらいでちょうどいいという人もいるだろう。この二つの意見を両極として、その間にはさまざまなグラデーションがある。例えば、親に結婚の許可を求めるのは当然のことだと考える人もいるだろうし、許可を取る必要はないが挨拶ぐらいはするべきだという人もいるだろう。あるいは、電話でいいから結婚の報告ぐらいはしてほしいという人もいるだろう。

このように、幅はあるけれども、結婚に際して親への挨拶や報告を全く想定しない人は少ないのではないだろうか。良いか悪いかは別として、結婚で親が「口出し」することは「ありうること」「そういうものだ」という感覚を、私たちはもってはいないだろうか。

本章では、親がどの程度、どのように子の結婚に関わっているのかについて明らかにする。

2 結婚における親の影響

まず、親の影響についての歴史的背景をみていこう。近代に入る以前、庶民層では主な結婚の方法の一つが村内婚だった。若者と娘たちはそれぞれの年齢階梯集団に所属し、村内の義務や労働に参与することによって「男性は「求婚資格」を、女性は求婚を受けるかどうかの「決定権」を獲得した(2)」。そして当人同士が「合意」することで結婚が決まった(3)。つまり、親の介入の度合いは低かったと考えられる。

明治に入ると、近世の身分制度や村請制度が解体し、共同体という「袋」が破れ、人々は「家」単位で市場経済に投げ出された(4)。このような変化を通じて、「村」という共同体で管理されていた婚姻や性もまた、「家」に委ねられる度合いが高まり、子の結婚は「家」の存続に関わる重要な事項としてのウエートを高めていったと考えられる。

さらに、一八九八年(明治三十一年)に民法相続編が制定され、家のリーダーである「戸主」に強い権限が与えられた。それによって、法的にも家の存在感は増していった。結婚に関しても、個人の意向よりも家同士の利害や家柄のつりあいを重視するようになった。[5]そして、結婚は家の存続に関わる重大事項であるから、親などが結婚に介入するのは当然だと見なされるようになった。

近代化による都市化や工業化、交通網の発達、経済圏の拡大などによって人の移動が増大し、通婚の範囲も拡大した。[6]それに伴って、媒酌人（仲人）の斡旋による見合い婚の習慣が広まっていった。[7]このようにして、一九二〇年代以降、見合い婚（媒酌人結婚）が主流の社会になり、親や周囲が結婚に介入することが「当たり前」になった。

ところが、戦後に新たに制定された憲法では「婚姻は両性の合意のみに基づ」くものであることが明記された。結婚は本人同士が決めるべきことであると宣言されたのである。結婚の法的な位置づけの変化に伴い、見合い婚の割合は減少を続けていった。

しかし、見合い婚の割合は減少したとはいえ、結婚には親の「許可」や「容認」が必要であるという感覚は、いまだに私たちのなかに根強く残っているのではないだろうか。

では、実際の結婚において、親はどの程度、どのような形で「介入」をしているのだろうか。本章では、できるだけ多くの事例を提示するため、親の結婚への「介入」に関して語られている部分だけを抜き出し、網羅的に並べることを試みた。そこから、親の介入の実情を眺めてみたい。

3　親による結婚の期待

子どもの結婚への親の「介入」は、ある程度の年齢までに相手を見つけて結婚してほしいという期待や、わが子が結婚できないのではないかという心配から始まる。まず、子どもが結婚のチャンスを逃さないように、親が何らかのアクションを起こした事例を三つみていこう。

高井さんの事例（四十代女性）

高井さんは、二十代後半のときに、親に無理やり結婚相談所に入会させられた。その相談所を通じて、結婚相手に出会った。(8)

何かもう私が勝手気ままにやってて、全く結婚するふうなくて、もう親が心配して、心配して。［調査者：ああ、親が心配して。］何かもうこのまま独身でいくつもりか、みたいな感じで。で、その職場も女ばっかりやったんで、隣〔の職場〕にいっぱい男の方いるんですけど、自分の事務所にはほんとにボス以外全部女ばっかり、私入れて四人やったから。とにかく親が無理やりですね。

浅井さんの事例（四十代女性）

浅井さんの両親は、娘が「行かず後家」になるよりは、恋愛を自由にさせたほうがいいと考え、自宅で恋人が「お泊まり」するのも容認していた。

うちの母、父ってちょっと変わってて、いまの旦那さんと付き合う前の人のときも、うちにお泊まりするような仲だったんですよ、彼氏が。［調査者：え、すごくないですか。］で、全然平気なの。［調査者：えー。］だから、たぶん、お外でどこか行かれちゃって見えないよりは、家にいてるからいいかみたいな。［調査者：ああ。仲良く、こう、安心して。］うん。だから、私の部屋にもう一枚布団敷いて、彼氏が寝てたりとか、まあ、もう一枚敷いても、二人で寝てたんですけど（笑）。

吉野さんの事例（五十代女性）

吉野さんのケースは、親同士で話し合いをして子どもたちの見合いをセッティングした例である。吉野さんが副業としてキャディーのアルバイトをしていたとき、ゴルフ客に気に入られ、その息子との結婚を斡旋された。まず、親同士でやりとりをして、そのうえで夫方の三人と吉野さんで会うことになった。

［ゴルフ客と自分の家が近く］ちょっと息子に会ってくれんか、みたいな感じになって。で、おじいちゃんから、うちの両親に電話があって、ちょっと娘さんと会わせてくれないかっていう。なので、まあ、うちの両親も、直接こうじゃないから、ちゃんときちんとした人だなっていうところで、じゃあ、もうあとは任せるみたいな感じで、会ったのが出会いです。で、そこで、えっと、おじいちゃんとおばあちゃんと主人と来て、連絡はうちの親に来たんですけど、私一

人で会いにいって、ここが主人と会ったのが、初めまして。［調査者：最初から、じゃあご両親つきで。］そうです。セットで。

次の例は、前述の三例のように、実際に結婚につながる何かを親が斡旋したわけではなく、子が「婚期」を逃しつつあるのではと心配し、しきりに子どもに結婚しろと言うようになり、たびたび口論になったケースである。

西尾さんの事例（五十代女性）

西尾さんは大学院の博士課程に進学したが、彼女の親は娘の年齢と学歴が高いことが結婚に不利になるのではないかと考えて、彼女の結婚についてしきりに口を出すようになった。

そのころから、なんか、父親が、「こんなんして女の子が幸せになれるんか」とか言い始めて、で、母が「いい人はいないんか」って言い始めて、お見合いするかとか、しないかとか、でも「あんたはもうお見合いできない」と、高学歴すぎて。年齢もいってるし、もうあかんやみたいな話になってくると、うーん、いろいろと、ああ、「そんなふうに思ってるんやな」っていう感じはありました。

実際に、近所の人が縁談をもってきたことがあったが、高学歴であることから「お宅、お姉ちゃんは無理」と言われて、縁談が妹にいってしまったことがあり、その経験も含めて、母親はそのように述べたようである。

次のケースは、親を安心させるために子が自発的に結婚を望んだケースである。親の期待を先取りして、子どもの「結婚願望」が形成されるのである。

中谷さんの事例(四十代女性)

中谷さんは体が弱いため、「人と同じように」結婚して子どもを産むことが、親を安心させることだと考えていた。

だから、一つは、親にも安心してもらいたいっていうのが。こんな体でも私は、結婚して、できるなら子どもも産んで安心させたいというような、うん、それがすごい強くって。うん。でもやっぱり結婚願望っていうんですか、強すぎるとなかなか縁がないもんですな(笑)。

以上、子どもが結婚のチャンスを逃さないように、親が何らかのアクションを起こしたり、口うるさく言ったりして「介入」をおこなった事例を紹介した。他方で、親の期待に応えて子が自発的に結婚を望むケースもみられた。

４　親や周囲が結婚のタイミングを後押しする

次に、子どもに交際相手がすでにいる場合に、早く結婚するように親や周囲が「後押し」をするという「介入」について述べる。

まず、結婚の時期が親によって早められたというケースである。

西さんの事例（六十代男性）

西さんは、のちの妻となる女性とのデートのときに、結婚前提で付き合うことを求めた。デートの帰りに彼女を家に送り届けたところ、たまたま彼女の父親に会い、結婚前提での交際であることを父親にも認めてもらった。西さんは自分の親にも交際について伝えるべきだと考え、彼女を連れていったところ、彼の親は結婚するのであれば、すぐすればいいと言いだし、あっという間に結婚することになった。

「来年の三月ぐらいに〔結婚〕したいんですけど」言うたら、「そんなことすんのやったら、もう早う結婚したらええんや」て言って。おやじが半年、前倒ししよって、十月にね。

次の二事例は、親が病気であるために結婚を早めた例である。一つは親の容態が悪くなる前に結婚をすませてしまいたかったため、もう一つは義母の介護を担う「嫁」が必要だったために結婚を急いだ例である。

植田さんの事例（三十代女性）

母の病気のことがあってですね、それで籍入れてっていう感じですかね。（略）お互い「結婚したいね」って言い合ってたわけでもなくて、私は「「結婚するならこの人なんだろう」なみたいな感じはしていた」みたいなことをちらっと言ったことはあったんですけど、なんかそのままありがたいことに結婚してもらえることになったので［結婚したが、その後、すぐに母親は亡くなった］。

田島さんの事例（四十代女性）

お姉ちゃんが、こう協力的じゃなかったから、みんなたぶんにっちもさっちもいかなくなって、おふくろに会ってほしいって言われたんですよ。で、それからなんか毎週介護デートじゃないけど、なって、で、「介護してほしいから結婚するって思わないでほしいけど」って感じだったのかな。そんな感じだったっけな。でもね、まあ、介護してほしかったんだろうなとは思うけど。

一方、田島さんの母は、娘が「嫁」役割を強いられる苦労をさせたくなくて、結婚に反対した。

でもうちの母親は結構反対でしたね。「介護なんかいつ終わんのかわかんない」とか言ってましたね。そう、「苦労するために結婚するんならいやだ」みたいな。だけど、じゃあ、「介護したくないから結婚しません」とは言えないじゃんって言って〔母を説得した〕。

また、相手の男性が「ギャンブルするわけでもないし、女癖が悪いわけでもないし、そう、うん、ちゃんとしてる」人であり、親の介護を求めるほど家族思いであることから、彼女の親のことも大事にしてくれるのではないかという人柄を評価されて、結婚の容認を得た。

次の二事例は、親だけでなく祖父母たちも結婚の後押しに加わった事例である。祖父母との情緒的なつながりの強さがうかがえる。

長尾さんの事例(三十代男性)

〔結婚のきっかけは〕まあ情けない話なんですけど、僕の奥さんっていうよりかはうちの親だったり僕のおばあちゃんだったり、祖母ですよね。あとはあちらのお父さんお母さんとかも、もうそろそろなんじゃないのみたいな話になって、ま、そういうきっかけがあって、で、まあ、一応僕から結婚しましょって話はしましたけど。でも周りが結構、なんかそういう感じでしたね。

若林さんの事例（四十代女性）

〔親戚が妊娠先行型結婚だったので親が反対して大変だったという話を聞いていたが〕やっぱりおばあちゃんが「体大事にしなきゃいけないから」って言って、〔妊娠先行型であることを〕「そんな心配しんでもいいし」って言って「おばあちゃん、言ってあげるでね」みたいな感じで言ってくれて。

反対に、妊娠先行型結婚で「マリッジブルー」になったときに、結婚を焦らなくていいと祖父母が時期をずらすように配慮してくれた例もみられた。

畠山さんの事例（三十代女性）

〔夫や双方の両親は、彼女のマリッジブルーに向き合ってくれた。また彼女の祖父母は〕「ちょっといまこういう時期だから、待ってあげたほうがいいんじゃないか」って、何か私は知らんかったけど、そうやっておじいちゃんおばあちゃんが言ってくれたとか〔あとから聞いた〕。

次の一事例は、一度交際を終了したにもかかわらず、元彼女の父親から再度の交際を熱望されて結婚したケースである。母の紹介であることや時代から推測して、見合い婚に近いケースだと考えられる。

辻元さんの事例（七十代男性）

〔母の知人の紹介で交際した女性との関係を、自分から別れを告げて終わらせたが、ある日〕僕は何も知らずに、おやじと飲みよったんですね。したら、誰が来たのかなと思ったら、夜でしたね。「ごめんください」っち。「ちょっと話があります」。びっくりして、あっと思って、びっくりしたら、うちの娘がおまえともう一回、付き合いたいっち言って〔交際を再開し、結婚した〕。

以上、七事例をみてきたが、結婚の決断やタイミングは、本人たちの決断だけでなく、親や周囲の後押しや家族の事情などに影響されることがわかった。

5 親とカップルの関係性のこじれ

第5節から第7節では、本人同士は結婚を決意しているにもかかわらず、親が反対したり難色を示したりしたケースをみていく。本節では、相手の親との関係性のこじれから、トラブルに発展した二事例を紹介する。

荒川さんの事例（三十代男性）

荒川さんと恋人は、大学時代に同棲をしていた。恋人の親からは「何回も怒鳴り込まれましたけど（笑）」同棲は続いた。卒業時に同棲を解消したが、あらためて結婚をすることになったとき、相手の親から反対を受けた。

嫁の実家では反対されました。反対されましたっていうか、それこそだって大学んとき同棲してて、謝らずに卒業して、（略）いくらね、ちゃんと社会人、無職じゃないとはいえ、その経緯があるので、もう最初謝りスタンスですよね。いやもう本当にもうそのせつは……（笑）。いや、そうですよ。すいませんでしたって。もう絶対無理だと思ってたんで。でも逃げるわけにもいかないし、ね。奪うってことにもちょっとそれは、やっぱりせめて両家に認められてこそだろうと思ったんで。

彼女の実家近くのホテルに一週間滞在し、時間をかけて両親を説得して、結婚の容認を得ることができた。

津田さんの事例（三十代男性）

津田さんカップルが結婚を決めたとき、恋人の父親は「そんなの聞いてない」と怒り、津田さんに対して長文をよこした。

何かいろいろ五項目ぐらい質問事項がばーって並べてあって、これに対して答え持ってきたほうがいいよみたいな感じで言われて。げんなりした思い出がありますね、何か。［調査者：内容覚えてますか？］内容は、その、結婚の時期とかについてとか、あとは結婚後の住居とか、両親の何か面倒とか。そんなの考えたことないよと思って、何か、そういうのとかっすかね。

恋人には「こんなの困るよ」と文句を言いながら、回答を準備して相手の親と対面したところ、結婚の容認を得ることができた。

6　男性の経済的不安定さに対する懸念

結婚に反対するときの理由として、男性の経済的不安定さを挙げる語りが複数みられた。非正規雇用、中退などを含む学歴、自営業であることなど、収入の不安定さにつながると見なされる属性は、結婚を反対されたり、懸念を示されたり、あるいは子の結婚相手として不満であると見なされたりする要因になっていた。三つの事例をみていこう。

古谷さんの事例（五十代男性）

古谷さんは前職で知り合った女性と結婚することを決めたが、当時はその仕事を辞めて新聞配達のアルバイトをしていて不安定な就労状況であったので、相手の親が結婚に難色を示した。そのため古谷さんは、正社員の職に就いた。

〔相手の親から〕「ちゃんとしてくれんの？」っていうのは結構言われたんで。そのときに、ちょうど販売店で事務の仕事ができるやつがほしいからっていうのも言われてたんで、「それでやったら正社員で、たまには配達も出てもらわなあかんけど」っていうんで。そこで正社員にというかたちですね。

難波さんの事例（三十代男性）

難波さんは大学を中退し、その後、保育士の専門学校を卒業したのだが、恋人の親はその経歴をネガティブに捉えていた。

また初職の保育園は給与が低く、難波さん自身もそのような収入では結婚はできないと考え、転職して給与が増えた時点で恋人にプロポーズをした。

で、嫁のほうは、私の学歴とか、途中中退をしてしまったこととか、そういうことはすごい気にしていたみたいですね。その、大卒じゃないことだったりとか、そういう若干の、なんかネガティブな要素でみられてるっていうのは、嫁からの話も聞いてたんですけど。

実際には、経歴について直接何か言われることはなく、「ちゃんとご挨拶もして、自分として手順を踏んだ」結果、「まあ認めてもらったかたち」になった。

稲垣さんの事例（三十代女性）

稲垣さんの両親は自営業で失敗した経験があったので、娘の結婚相手が自営業で生計を立てたいと考えていることに不安をもっていた。

母、父母は正直反対な思いもあったと思うんですね。やっぱり自営やって失敗しているんで、自営やりたいって言ってる人と結婚するのはどうかっていう思いがあったと思う。結婚当時は言わなかったですけど。あとから母はぼそっと、大丈夫かなって。まだ店出してないからいいけど、お店出したら不安だなっていうのは言ってて。

しかし稲垣さんの両親は、娘の恋人に「しっかり働いてくれよ」とだけ告げて、「思ったことはいっぱいあったかもしれない」けれども、実際には何も言わずにいてくれた。

以上、男性の経済的不安定さに関する親の懸念についての事例を紹介した。いずれのケースでも女性の側が職業をもっていたにもかかわらず、男性の経済的不安定さが懸念につながっていた。男性に経済力を求めるジェンダー規範は根強く、それが結婚の懸念にもなりうることが明らかになった。

7 結婚差別

最後に、身元調べによる破談や、本人に責任がないことを理由として結婚に反対するという、いわゆる「結婚差別」と見なすことができるケースを三例紹介する。(9)

宮川さんの事例(四十代女性)

宮川さんには、かつて結婚を考えていた人がいたが、親がその人の身元調べをして、その結果がもとで結婚を許してもらえなかった経験がある。

もともと何か早く結婚したくて、付き合ってた人もいたんですけど、やっぱ何か家がちょっと厳しくて。そうなんですよ。その結婚しようと思ってた人は。何だろうな、何か親がこう調査というか、やっぱり何か心配性な親だったので、こう、お嫁にいっても安心できる家みたいなとこじゃないと許してもらえなくって。で、その結婚しようと思ってた人はできなかったんですけど。

小笠原さんの事例(五十代女性)

小笠原さんは、母親が早くに亡くなり、ひとり親家庭に育ったことが理由で、相手の両親に結婚を反対された。

義母親のほう、まあ二人ともそうだったのかもしんないですけど、私に母親がいないっていうことで、だいぶ反対はしてたみたいです。〔調査者:向こうのご両親は。〕小笠原家のほうの親は。でも結婚前に何回かは〔彼女が夫の家に〕来てたんですけど。で、うちの人も、その〔結婚する〕つもりだって言ってたらしいんですが、まさか本当にするとは思ってなかったと。

西尾さんの事例2(五十代女性)

第3節で紹介した西尾さんの事例の続きである。「誰でもいいから一回は結婚してほしい」と親に言われていたが、恋人ができていざ結婚相手として紹介すると、彼が沖縄出身者であるという理由で反対を受けた。

夫と結婚したいということで会ってもらったときも、「いい人やと思うけど沖縄か」とか、やっぱりだいぶ言われました。［調査者：それは「沖縄か」っていうのはどういうニュアンスなんでしょう?］で、いろいろ聞いたんですけど、やっぱり地続きじゃないから、頻繁に来れなくて寂しいということが一つと、でもやっぱり、そのなかには、ちらっと一回だけ言ったのは、「沖縄っていうのは、やっぱりいまでも差別があると思う」っていうのは言われたんですよね。うん。で、なんか、そういうことを言うっていうことはとってもがっかりしたんですけど、やっぱりそういうことを聞いたときは、はい。

NFRJ18質的調査では、いわゆる結婚差別と見なしうる事例は、わずかしかみられなかった。ただ、本調査では、結婚経験がある調査対象者に対しては、結婚に至った相手との関係を中心に聞き取っているため、結婚に至らなかった恋愛関係や破談したケースについては十分なデータを取ることができなかった。このような結婚に至らなかったケースのなかには、結婚差別問題が含まれていた可能性があることも付け加えておきたい。

おわりに

本章では、NFRJ18質的調査のインタビュー調査から、子の結婚に対して親がなんらかの「介入」をしたケースについて網羅的に拾い上げ、それらを分類した。

これらの事例からは、次のようなことが明らかになった。まず、子に特定の恋人がいない時期から、子どもが結婚のチャンスを逃さないように親が「介入」している事例がみられた。また、結婚するタイミングには、本人たちだけでなく親や周囲の意向も影響していた。家族が結婚の後押しをする例もみられたが、その一方で、結婚に反対したり懸念を表明したりする親もいた。反対の「理由」は、関係のこじれといった人間関係の場合もあれば、相手の「属性」の場合もあった。本章の事例でみられた「属性」とは、男性の経済的な不安定さ、親が早くに亡くなっていること、沖縄出身者であることなどであった。

また、再婚をめぐる結婚反対の事例も数事例みられたが、紙幅の都合もあり、本章では扱うことができなかった。再婚について扱っている別の章を参照されたい。

注

（1）結婚の容認を求める相手は、親だけでなく、義理の親や祖父母、おじ・おば、そのほかの養育者を想定する人もいるので、「親代わり」である人々を含めて「親」「親など」と表記している。

（2）阪井裕一郎『仲人の近代——見合い結婚の歴史社会学』（青弓社ライブラリー）、青弓社、二〇二一年、三七ページ

（3）ただし、村落共同体での若者同士の力関係には、ジェンダー非対称性があった。「村落共同体で、未婚の娘たちは基本的に「若者連の共有物」とされていた」と阪井は指摘している（同書三九ペー

ジ）。
（4）松沢裕作『日本近代社会史――社会集団と市場から読み解く 1868-1914』有斐閣、二〇二二年、六六ページ
（5）前掲『仲人の近代』四一ページ
（6）瀬川清子『婚姻覚書』（講談社学術文庫）、講談社、二〇〇六年、六〇ページ
（7）湯沢雍彦『明治の結婚明治の離婚――家庭内ジェンダーの原点』（角川選書）、角川学芸出版、二〇〇五年、一九〇ページ
（8）年齢は調査当時のものである。
（9）結婚差別とは、狭義では、本人同士が結婚を合意しているにもかかわらず、相手が社会的マイノリティであることを理由に、もう一方の親や親戚などが結婚に反対するという意味である。一方、広義では、結婚相手が社会的マイノリティであることを理由に結婚を避けようとすることであり、行為の主体は限定されない（齋藤直子「結婚差別と「家」制度」、朝治武／黒川みどり／内田龍史編『現代の部落問題』〔「講座近現代日本の部落問題」第三巻〕所収、解放出版社、二〇二二年、三〇九ページ）。また、被差別部落出身者や外国にルーツがある人といった出身に関する属性だけでなく、家族または本人の信仰する宗教や、ひとり親家庭の出身であること、家族や本人に障害があることなども、結婚差別の対象になりうる（大阪府『人権問題に関する府民意識調査報告書（令和2年度）』大阪府府民文化部人権局、二〇二一年、一五ページ）。

第2章　妊娠先行型結婚の語りにみる世代差

永田夏来

はじめに――妊娠先行型結婚がもつネガティブな文脈とポジティブな文脈

子どもができたことをきっかけに結婚を決める妊娠先行型結婚は「できちゃった結婚」や「授かり婚」とも呼ばれ、若い世代を中心に一般化している結婚のスタイルである。本章では、妊娠先行型結婚を体験した人が自分の結婚をどのような文脈で語り意味づけているかについて、一九九〇年代半ばから二〇〇〇年までと〇〇年代以降の時代区分に着目して考察をおこなう。

国内で妊娠先行型結婚が肯定的な文脈で理解された例として広く知られているのは、歌手の安室奈美恵とダンサーのＳＡＭによる一九九七年の結婚会見だろう。「赤ちゃんがきっかけになって」「逆プロポーズをした」という安室のコメントは大きな話題になり、スポーツ紙が号外を出すなど祝福ムードになった。結婚を決めた芸能人が自分の妊娠について自らポジティブに説明したほかの例として、九〇年の石川秀美と薬丸裕英の会見を思い出す人もいるかもしれない。当時人気絶頂だったアイドル同士の結婚で、石川が「天からの授かりものを授かった」と報告し薬丸が前向きに応答したというエピソードが広く報道されている。一方で、質問を受けても会見で妊娠を認めなかった大相撲力士の貴乃花光司と元アナウンサーの河野景子による九五年の結婚や、週刊誌の報道を受けて妊娠は認めたものの妻側がノーコメントを貫いた二〇〇〇年の木村拓哉と工藤静香の結婚の例もある。いまでこそ珍しくない妊娠先行型結婚だが、結婚、妊娠、出産がどのような順番で体験されているかは大きな意味をもつ。また、結婚を決めた夫婦の関係や結婚に至る経緯、その後の暮らしの状況によってその文脈をポジティブなものにもネガティブなものにも位置づけられる解釈の余地を有している。(1)

本調査の協力者からも、自分の妊娠先行型結婚が周囲からどのように評価されるか心配したというエピソードがいくつか示されている。静岡県に住む若林さん（女性・四十代後半・看護師・短大卒）は代々続く農家の長女で、人間関係が密な地域で暮らしている。先に子どもができて結婚した親戚について「「うちの親父が反対して大変だったんだよ」っていう家もあった」という話を聞いた経験をもつ若林さんは、二〇〇〇年に二十七歳で体験した自身の妊娠先行型結婚について次のように話している。

田舎《いなか》なので、まだね、いまより二十、十八年、十九年も前の話なので、うーん、いま、授かり婚って言いますよね。でも、昔、できちゃった婚って言ってて、だから、その子どもができちゃったっていうので、ちょっと母は戸惑ったみたいですけど、父は何も言わなかったですけど、結婚の挨拶でご近所に行ったときに「お父さんがね、俺にも孫ができるんだなってうれしそうにしてたよ」っていうのをあと、外から聞いて、ああ、そうかと思ってちょっとうれしかったかなって。

若林さんが妊娠先行型結婚についての説明のなかで示した情報は、以下のように整理できるだろう。まず、「田舎」でのエピソードであること。そして「いまより二十、十八年、十九年も前」であること。これは聞き手の想定よりも妊娠や結婚について自身が保守的な環境に置かれていたことを説明しようとしているものである。また、「できちゃった」という言葉については計画性のなさ、意図していない妊娠といった意味が込められているとみているようだ(2)。若林さんにとってこれらはネガティブな要素であり、「母が戸惑った」根拠として示されているものである。一方で「孫ができる」ことはポジティブな要素として位置づけられている。

現在三人の子どもがいる若林さんが夫と知り合ったのは、職場の先輩との飲み会だった。交際して三年、四年がたったところで妊娠がわかり、結婚に至った。「まあ結婚するだろうな、しようねみたいなそういう話になっていたので、先に、うん、赤ちゃんができたかたちですけど」と語るように「できちゃった」とはいえ、夫と結婚する見通しがあった状態での選択だったのは当人も認めるところだ。年齢的にも交際の経緯からも、結婚への経緯は自然なものにみえるにもかかわらず、自身の経験について自信をもってポジティブに位置づけられないのはなぜなのか。それは、若林さんの個人的事情というよりも、結婚した当時の社会状況や時代背景に原因があると考えられそうだ。

若林さんとほぼ同じタイミングの一九九八年に二十四歳で結婚した埼玉県の浅井さん（女性・四十代後半・会社員・高卒）の語りを検討してみよう。「結婚が二十四だったので、うーんと、できちゃった結婚で（笑）、ちょっと早めだったんですけど」と自分の結婚について話す浅井さんは、自分の結婚が周りからネガティブに受け入れられるという懸念をあまりもっていない様子だ。

「できたら、授かった婚だね」みたいな感じのイメージでいたので、できたときに、「あ、じゃあ、結婚しよう」みたいな感じでした。すんなり。だから、あんまりプロポーズの言葉は覚えてないというか、「結婚しようって言われたのかな」ぐらいな感じ。

両親も「めっちゃ喜んでました」という浅井さんだが、父は大手ゼネコン勤務の建築士を経てタクシー運転手に転職したというユニークなキャリアの持ち主だ。母親はパートタイム勤務で家計を支えていた。浅井さんによれば、両親は我が子の恋愛について「うちの母、父って、ちょっと変わって」るとしたうえで「旦那さんと付き合う前の人のときも、うちにお泊まりするような仲だったんですよ、彼氏が」というエピソードを語ってくれた。浅井さんの両親は七十代で、若林さんの親と比べるとひと回りほど年長である。それにもかかわらず子どもの恋愛についてオープンに応援する様子は、現代的なライフスタイルへの親和性が高い姿勢として理解できる。

浅井さんの語りにみられる、自分の結婚をポジティブに位置づけるもう一つのエピソードはちょっと不思議な巡り合わせについてのものである。若くして病気で亡くなった夫の父と浅井さん自身の父は字が違うものの名前が同じで年齢は一歳違い、同じ月生まれであるだけでなく、二人の漢字を組み合わせて並べるとある「熟語」が完成することを発見したというのだ。

運命、絶対ないなんて思ってたけど、これも運命なのかなとちょっと思いました。うん。そのぐらいね、びっくりした出来事、それ。そう。だから、生きてたら、何か、会ってみたかったなっていう、うん、すごくね、思いました。うん。

生育家族について保守的との前提を置きながら慎重に妊娠先行型結婚について語った若林さんと、「ちょっと変わった」親をもって「すんなり」結婚し、自分の結婚をかけがえのない特別なものと見なす浅井さん。妊娠先行型結婚はネガティブな文脈とポジティブな文脈の両方があるために解釈の幅を有している、つまり、妊娠先行型結婚について語ることを通じて性や婚姻にまつわる保守的な価値観と現代的なライフスタイルというねじれた考え方の両方に触れざるをえないという構造がここからみえてきた。若林さんと浅井さんが結婚した時期である一九九〇年代から二〇〇〇年までとはどのような時代だったのか。次節で結婚や恋愛にまつわる考え方の変化を検討し、妊娠先行型結婚がもつ価値の揺らぎについて考えていこう。

1　一九九〇年代から二〇〇〇年代初頭――妊娠先行型結婚の過渡期

一九九〇年代から二〇〇〇年代初頭は、性に関する価値観に大きな変化が生じた時期として知られている。そもそも戦後の日本は、結婚していない人による性行為（以下、婚前交渉）をタブーとする傾向が強かった。一九七〇年代から五年おきに実施されているNHK放送文化研究所の「「日本人の意識」調査」によると、若者に対して「結婚式がすむまでは、性的まじわりをすべきでない」という意見に賛成する人は七三年には五八・二％になっていた。しかしこれが年々下がり続け、九三年には「深く愛し合っている男女なら、性的まじわりがあってもよい」とする考えに追い抜かれて二〇〇三年には二四・〇％にまで減少し、そのまま横ばいになっている。[3] 婚前交渉をタブーとする価値観は、実際の行動にも影響を与えているようだ。未婚者の性行動について世代別に分析した中村真理子によると、戦前生まれ（一九三〇年代生まれ）では女性の約六〇％、男性の約三〇％が婚前交渉の経験をもたなかったという。婚前交渉をタブーとする価値観は男性よりも女性に強く影響を与えていて、このため婚前交渉を経験しない女性が男性に比べて多かったことがわかる。

しかし一九六〇年代生まれをみてみると、婚前交渉を経験しない割合は女性が全体の約一〇％、男性は約四％にまで低下していて、世代が若くなるごとに婚前交渉を経験する割合が高くなることを指摘している。[4] 六〇年生まれの人々にみられる、男女ともに九〇％程度以上が婚前交渉の経験をもっているとはどのような状況だろうか。中村の分析は婚前交渉に絞ったものだったので、性交経験全般の有無について若者の様子をみてみよう。国立社会保障・人口問題研究所によると、ちょうど六〇年代生まれが二十歳代後半になる八七年では二十五歳から二十九歳の男性六六・六%、女性は四〇・〇%が性交経験をもっていることがわかっている。これが二〇〇二年になると男性六九・三%、女性六四・八%になり、特に若い女性で二五ポイントもの顕著な増加をみせている。また、その相手は交際している相手（恋人）だったとみられている。(5)

数字ではややわかりにくいので、芸能人の結婚報道を参照して、婚前交渉が認められていなかった時代の結婚についてみてみよう。一九五六年の雑誌「主婦と生活」に掲載された「私の婚約発表」は、俳優の中村メイコ（当時）が作曲家の神津善行との結婚に際し、出会いと交際、結婚に至るエピソードを掲載したものである。(6)中村によれば、神津によるプロポーズは以下のようなものだった。

僕は恋愛と結婚を別にはできないんです。恋愛は恋愛で終わって、結婚は結婚でまた別にするなんてことはきらいだ。一人の人を好きになったら、そのいちばんいい結果として、結婚したい、そういう主義なんです……それで、主義で言うんじゃないんですけど、結婚してくれますか？

このプロポーズに対して、中村は「私でよければ」と答えたという。一九五〇年代は見合い結婚が主流の時代だったが、あなたのことが好きだから結婚してくださいという旨を正面から言われて承諾したという恋愛結婚のエピソードは、ロマンチックで理想的な形として読者に受け入れられていたようだ。一方で自らの関係を内心「兄貴と喧嘩友達の合いの子みたいなもん」と思っていたというエピソードも紹介されていて、お互いに引かれ合いながらも婚前交渉には至っていないなかでの結婚であるという文脈が読者に誤解なく伝わるように工夫が凝らされている。中村と神津は、女性の約六〇%、男性の約三〇%に婚前交渉の経験がなかったという一九三〇年代生まれの世代にちょうど該当している（中村は一九三四年生まれ、神津が三二年生まれ）。二〇二二年は結婚六十五年目ということで中村八十七歳、神津九十歳でテレビ朝日系列『徹子の部屋』に夫婦で出演していた。婚前交渉をタブー視すると同時に結婚に結び付く恋愛を是とする価値観というと古くさく感じられるが、そうした時代を生きた世代はまだ存命であり、実際に私たちの周りにも暮らしているのだ。

中村が語る結婚では、婚前交渉の忌避に加えて愛と性と結婚の一体化を前提とする恋愛結婚の姿が前提とされている。しかし一九九〇年代の後半ごろから婚前交渉を認める価値観が日本社会でも受け入れられるようになり、二〇〇二年では二十代の後半までに男性のおよそ七〇%、女性の六〇%以上がセックスの経験をもつようになった。それに伴い愛と性と結婚の一体化という考え方にも綻びが生じ、恋人がいたとしても結婚を先延ばしにするという流れのなかで晩婚化が広く生じることになる。本調査の協力者にみられるように「もともと結婚するつもりがあった」という人にとって妊娠は結婚の先延ばしを打開する揺るぎないきっかけであり、愛情によってつながった近代家族を作るための新しい経路、新しいライフスタイルとして定着したのだ。(7)

こうした傾向は妊娠先行型結婚の増減とも矛盾なく一致している。妊娠先行型結婚は「結婚期間が妊娠期間より短い出生の嫡出第一子に占める割合」を見ると傾向が理解できるが、厚生労働省によればこの割合は一九八〇年で一二・六%だった。[8] この割合は九〇年には二一・〇%になり、その後少しずつ上昇して二〇〇二年には二七・九%とピークを示した。しかしその後減少傾向になり、一九年には一八・四%になっている。[9] この推移をみると、一九九〇年代から二〇〇〇年代初頭はちょうど妊娠先行型結婚が増加傾向にあり、社会的な認知も進んできたタイミングといえる。佐藤信によれば「できちゃった結婚」を「授かり婚」「おめでた婚」のように言い換えたのはブライダル業界だったという。〇四年に「たまごクラブ」(ベネッセ)が「授かり婚」、「ゼクシィ」(リクルート)が「ダブルハッピーウェディング」としたのを筆頭に、「できちゃった」という言葉はまさにこの時期、さまざまに言い換えられるようになった。[10]

田舎であることや二十年ほど前であるという背景を通じて妊娠先行型結婚に対して保守的な考えをもつ両親について説明していた若林さんや、「すんなり」結婚したのは「ちょっと変わった」親のおかげでもあると説明していた浅井さんの事例は、彼女たちが結婚した当時の社会が若者の性交渉や結婚に与えていた意味や文脈を反映しているとみることができる。若林さんや浅井さんが結婚した一九九〇年代後半から二〇〇〇年代初めは、婚前交渉を不可とする考えが減少したとはいえ四分の一程度を占めていた一方で、二十代後半の性交経験率は男女ともに六〇%を超えていた時代だった。このギャップをどう埋めるかをめぐり、ポジティブな文脈とネガティブな文脈の間で揺れていた、妊娠先行型結婚の過渡期と呼ぶべき時代だったのである。

2　二〇〇〇年以降――妊娠先行型結婚の安定期

一九九〇年代から二〇〇〇年代初頭の妊娠先行型結婚について、ポジティブにもネガティブにもなりうるギャップのなかで揺らいでいたことを示す体験談と、過渡期とも呼べる社会背景をみてきた。次に二〇〇〇年代以降の様子をみていこう。先述したようにこの二十年で妊娠先行型結婚自体は減少しているが、婚前交渉をタブー視する価値観は〇三年以降横ばいになっていて大きな変化はみられない。一方で、若者が恋愛に対して消極的になっているという状況も耳にする。

二〇〇〇年代の芸能人の結婚報道に注目してみると、一九九〇年代から二〇〇〇年代初頭まではあれほど大きなトピックだった妊娠に対する関心が徐々に失われていく様子がみえてくる。〇三年の俳優の広末涼子とモデルの岡沢高宏、〇七年のタレントの辻希美と杉浦太陽、一〇年の俳優の瑛太（当時）と歌手の木村カエラなど、〇〇年以降も人気がある芸能人の妊娠先行型結婚は多くみられている。彼らの結婚はそのつど話題にはなるものの、妊娠がある種のスキャンダルだった〇〇年までとは異なり、子どもができたことを「よかった」と素直に受け止める風潮が出てきたのもこのころだ。プライバシー意識の高まりも手伝って、過渡期とは違う文脈が社会で共有されはじめたことが想像できる。

二〇〇〇年以降で注目するべきなのは、逆に「妊娠していない」という情報をわざわざニュースに加えるようになった点だ。例えば俳優の江角マキコが〇三年に結婚した際の「妊娠はしておらず、関係者によると四月期の連続ドラマへの出演が決まっていて、挙式は早くても今秋になるという」という「日刊スポーツ」による報道が典型である。[11] この表現は芸能人の結婚報道のテンプレートの一つとして〇〇年代からさまざまな媒体で用いられているが、これは結婚の際に妊娠している可能性が当たり前に考慮されるようになったことの裏返しと位置づけられるだろう。妊娠先行結婚はありふれた結婚になり、それまでみられていたようなネガティブな文脈とポジティブな文脈をめぐる当事者の当惑も少なくなっていったと思われる。

二〇〇八年に二十一歳で結婚した愛知県に住む長田さん（女性・三十代前半・パートタイム・高卒）は、いちばん初めに母親に子どもができたことを伝えたときに「自分では怒られるって思って」と話す。しかし母親は本人の予想に反して「すごい喜んでくれた」「「いや、おばあちゃんになれるの？」とか言って」いたと話してくれた。妊娠先行型結婚に対して保守的な親がどのように反応するか不安があったという点では若林さんと同様だが、若林さんの場合と違って実際の親はそこまで保守的ではなく、子どもができたことを喜んでくれたという構図である。「ちょっと安心して、こっちのほうが戸惑ってる感じ」だったという長田さんだが、若林さんと同じように二人はすでに結婚を視野に入れていただけでなく「結婚資金をためてて、二人で。ちょっぴりだけ」という状態だった。夫も「うれしかったみたいです」という長田さんは、自身の結婚をすんなり進んだと位置づけている。本人の予想とは裏腹に、ポジティブな意味で落ち着いたケースと見なせるだろう。

結婚の意思決定はすんなりと進んだ長田さんだったが、具体的な手続きは大変だったと語る。

「結婚式挙げたのが五月で」子どもが産まれたのが「九月です」という長田さんは「結構バタバタと決めたって感じでしたね?」という問いかけに「そう、バッタバタでした」と答えてくれた。婚約から結婚までの期間について一般例をあげるのは難しいが、リクルートが運営する「ゼクシィnet」の「結婚準備完ペキマニュアル プロポーズから結婚までの流れ・結婚式の準備まとめ」をみてみると、「通常結婚」の場合は結婚式の六カ月前から十二カ月前にはプロポーズすることと結婚式の六カ月以上前から十二カ月前には式場の下見をすることがモデルケースとして示されている。[12]しかし妊娠が先行している場合、ある程度予定日が決まっている出産に向けて行動するため、時間が限られているのである。長田さんがいう「バタバタ」を避けるために、披露宴などを延期するという選択肢をとる人もいる。二〇〇〇年代に二十六歳で結婚した宮城県に住む大沢さん(女性・三十代後半・パートタイム・高卒)は結婚して最初の一年間は親と同居するなど、「バタバタ」しないための工夫を凝らしている。結婚式についても無理をせず「結婚式というよりは、うんと、息子が生まれてから、お披露目みたいな」集まりを近くのホテルで開いたという。

一九七〇年代には多くの人が支持していた婚前交渉をタブーとする価値観だが、これを古くから受け継がれている日本の伝統と見なすのは難しい。江戸時代の日本の結婚は地域差があり、かなり多様なものだった。その理由として、実家から婚家への成員権の移行を結婚と見なす日本の結婚観がある。一方キリスト教を背景にした宗教的な結婚観では、教会で結婚式を挙げることで成員権の移行が完了し、結婚が成立したことになる。しかし実家から婚家への移行プロセスを結婚と見なす日本の結婚観では、移行のどのタイミングをもって「結婚している」と見なすか地域差が生じてしまうのだ。また、産業、文化、風習なども地域によってさまざまだ。そのため結婚プロセスも多様になり、移行期間中は実家と婚家の両方にそれぞれ所属しているような状況に身を置くことになる。切り替えがはっきりしているキリスト教的な結婚とは異なり曖昧な状況が介在する日本の結婚は関係の解消が容易であり、現在以上に離婚や再婚が一般的におこなわれていたことも示されている。日本での古い結婚というと妻が夫の家に入る嫁入婚《よめいりこん》以外は想像もつかない向きもあるかもしれないが、夫が妻のもとに通う妻問婚《つまどいこん》や正式の婚姻成立を待たずに仮の儀式を経て妻が夫の家に入る足入婚《あしいれこん》など、嫁入婚のほかにもさまざまな形態があることが指摘されている。結婚は人生を切り替えるためのイベントというよりもむしろプロセスだという視点が、日本の村落では共有されていたのである。(13)

この実家から婚家への移行プロセスという観点から長田さんらの妊娠先行型結婚のエピソードを検討してみよう。こうしたバタバタは妊娠先行型結婚であれば必ず生じるものであり、挙式や披露宴の日取りを調整することで妊婦の負担を減らすことも古くからおこなわれていたのは疑いない。しかし自らの結婚が「すんなり」進んでしまったため、インタビュアーに提示するエピソードについて、親との葛藤や意味づけの揺らぎから挙式のバタバタに比重が移ったと考えることはできるだろう。この意味で、二〇〇〇年代以降は妊娠先行型結婚の評価が安定したため、結婚に至る細かなプロセスがインタビュー調査で語られるエピソードとして選択されやすいといえるかもしれない。私たちが現在イメージする、恋愛関係にあるカップルが互いに同意し、結婚式や婚姻届の提出などを経て成立する「通常結婚」が普及したのは高度経済成長期ごろのことである。子どもができたことがわかってから結婚に向けて動き始める妊娠先行型結婚は妊娠が前倒しになっているため、そもそも「通常結婚」とはプロセスが異なっている。しかし長田さんや大沢さんの話をふまえると、図1に示したように妊娠が結婚に先行するだけでなく、結婚の届出、挙式、披露宴、同居の開始などのタイミングについてもいろいろなパターンがあるといえそうだ。産休・育休の取り方や職場復帰なども加えると、このプロセスはさらに複雑なものになるだろう。芸能人の結婚報道に際して妊娠の有無を伝えるような時代状況は、妊娠や結婚に対するねじれた価値観のなかで妊娠先行型結婚への意味づけが揺らいでいた過渡期を経て、妊娠先行していることに起因するさらに詳細なプロセスに話題の焦点が移ったことの証左なのかもしれない。

岡山県に住む江口さん（女性・三十代前半・会社員・高卒）は二〇一〇年代に二十六歳で結婚している。友人からの紹介で出会ったあと交際して二カ月で結婚したというスピード結婚だ。江口さんは自分の結婚のプロセスについて以下のように語っている。

籍を入れたの、その十二月の九日に籍を入れたんですけど、で、九月の九日に付き合って、十一月九日に妊娠がわかって。［調査者：あ、九日づくし］そうなんです。だから十二月、そしたらちょうどこうカレンダー見たら十二月九日が大安のいい日だったんで、じゃあ十二月九日で全部九で並べて、はい。

結婚プロセスで「九が決め手」だったという江口さんは、翌年の二月九日に挙式した。長田さん

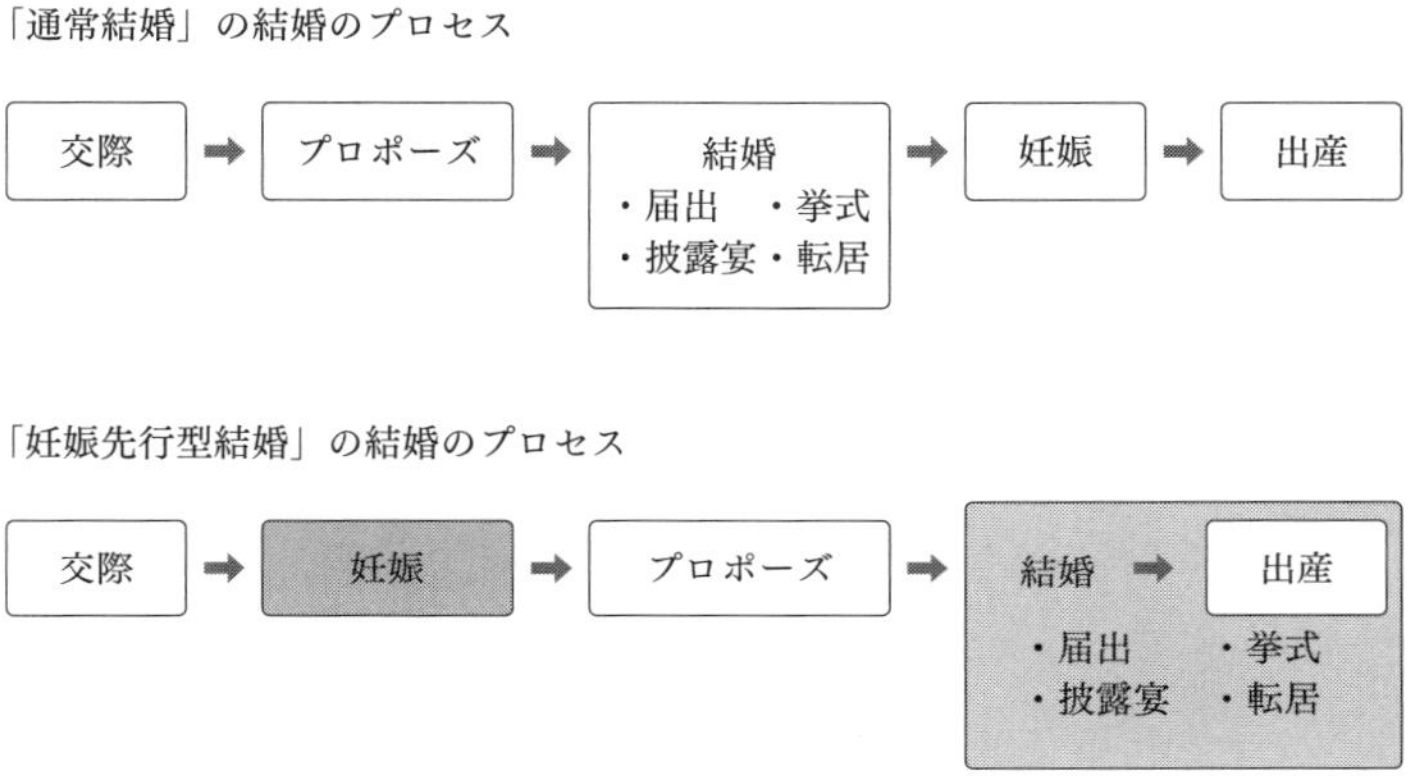

図1　「通常結婚」と「妊娠先行型結婚」のプロセス

のように妊娠を知ったあとに急いで準備するケース、江口さんのように特定の日付に意味を見いだして結婚するケース、大沢さんのように結婚後の一定期間を親と同居するケースなど、妊娠先行型結婚のプロセスのバリエーションをみてきた。大沢さんのように自身の結婚のプロセスにオリジナルな意味を見つけることは、結婚にポジティブな文脈を与えるだけでなく、かけがえのない固有の体験として強い印象を与えてくれる。

　さて、妊娠先行型結婚には思いのほか多様な結婚のプロセスがみられるが、今回のインタビューでもほぼすべての結婚で最優先されていたのが結婚の届出である。これは生まれてくる子どもは法的な夫婦の間に位置づけられるべきだという嫡出規範が背景にあり、日常的には「母子手帳に載る名字を夫のものにしたい」という形で意識される手続きである。しかしこうした意識の一貫性に反し、嫡出規範を背景にもつとされる法制度については二〇〇〇年代以降さまざまな改正が加えられてきた。

　二〇〇四年十一月に戸籍法施行規則が改正され、差別的だとされていた婚外子の戸籍上の記載が変更されて嫡出子と同様に「長男」「長女」などと記されるようになった。また、一三年には民法第九百条の「嫡出でない子の相続分は、嫡出である子の相続分の二分の一とする」という規定が削除されて明治時代から続く婚外子への差別が百十五年を経て解消されることになった。それでも日本の婚外子の割合はきわめて低く、一九八九年から徐々に増加しているものの二〇二〇年でも二・四％にすぎない(14)。結婚に際して妊娠の可能性が当たり前に考慮されるようになり、結婚のプロセスを語る文脈がさらに細かくなるなど、妊娠先行型結婚の意味づけは多様なものになっているかにみえる一方で、そもそも嫡出規範を前提にした法律婚という画一的な選択がなされている点は再度確認しておく必要がある。

結びにかえて――心理的な葛藤とそのサポートの必要性

二〇一五年に二十六歳で結婚した島根県の畠山さん（女性・三十代後半・保育士・短大卒）は今回の協力者のなかでいちばん新しい時代の妊娠先行型結婚経験者で、夫と初めて会ったのはハロウィーンパーティーだった。パーティーの後日に職場などのつながりで再会し、一年ほどたってから交際することになった畠山さんだが、妊娠がわかったときの夫の反応は「「まじか」みたいな、そんな感じでしたね」という。畠山さんによれば「まじか」の中身はネガティブなものではなかったようだ。「何かもう、お互いもういい年というか、まあ結婚も考えてのお付き合いだったので」「もうそれは全然何か喜んでくれました」という説明からは、結婚前の性行動を周囲からとがめられるような躊躇はそれほど感じられない。両親の反応についての説明も「おめでとう、うーん、まあそれまでにもう会っとったので。何かべつに安心できる相手だし、いいんじゃないかなあっていう感じでしたね」というものだった。

しかし畠山さんの場合、妊娠がきっかけになったことを「簡単に」考えていたことが逆に大きな混乱を呼び起こすきっかけになってしまった。「結婚するときに私ちょうど子どもができてからの結婚だったので、そこであのマリッジブルーとマタニティーブルーが同時にきて、すごい荒れ狂った」というのだ。

> 簡単にたぶん考えとったんだと思います、子ども産むこととか、結婚とかも。何か憧れ、なので「簡単にできるでしょ」みたいな感じだったけど、いざ何か本当に自分がなったら、「えっ、大丈夫なの？　できるの？」みたいな。

妊娠や結婚に憧れていたからこそ、その重さについて正面から考えることがなかったと当時の自分を振り返る畠山さんだが、妊娠生活が進むにつれて「「急に結婚？　急に出産？」みたいな」戸惑いが強くなり「何か急に旦那のことが嫌いに」なってしまった。「もう何か会いたくない、結婚もしたくないみたいになって。でもう実家に、自分ちだったので閉じこもるっていうか、何かもう会わないみたいな。誰にも会わないみたいな。仕事だけは行くみたいな感じでしたね」と当時の混乱を語っている。畠山さんの場合、両親のサポートや夫との対話を通じてこれらの困難を克服できた。マリッジブルーとマタニティーブルーが同時にやってくるのは妊娠先行型結婚に特有の状況であり、心に留めおく必要がある。

畠山さんとほぼ同じ時期の二〇一四年に三十一歳で結婚した大分県の三上さん（女性・三十代後半・専業主婦・高校中退）も、妊娠先行型結婚をめぐる戸惑いについて体の変化を通じて語ってくれた調査協力者の一人だ。もともと「〔子どもが〕ほしいね」って思って。結婚してなかったんですけど、それで、だから結局、〔結婚の〕きっかけになったんで」と話す三上さんは、これまで紹介してきたほかの協力者と同じように、もともと結婚する意思があり妊娠が結婚の後押しになったという経緯を語っている。両親ともすでに入籍について話題にしていたこともあり、親の反応も「「おめでとう」です。「おめでとう」って。「大変よ。頑張りなさいよ」みたいな」ポジティブさがあったという。しかし、妊娠に伴う自分の体の変化に怖さを感じたとも三上さんは言うのだ。

やっぱ、「ああ、子どもできた」みたいな感じで、もう、うれしい……。何か、うれしいような、何かちょっと。うれしいんですけど、こわいのもありましたよね、初めてで。え、どうやって育っていくんやろうとか。おなか、やっぱだんだん、こう。うん。もう、初めてだったんで。

三上さんが話す戸惑いは、畠山さんのマタニティーブルーやマリッジブルーほど熾烈なものではないかもしれない。しかし二人は妊娠先行型結婚に固有である心理的な葛藤を語っていて、結婚や出産、子育てに対する個々の感情や心理状態を理解するうえで重要な示唆を与えてくれる。妊娠や出産は、今も昔も女性にとって大きなライフイベントである。これらの体験が個人の心理や感情に与える影響は家族社会学の範疇からは逸れるものであり、すでにさまざまなサポートがおこなわれているが、妊娠先行型結婚は困難が生じやすいため社会的支援について検討するのも重要だという点もあわせて確認しておきたい。

注

（1）永田夏来「妊娠先行型結婚にみる生活状況と出生意欲」「兵庫教育大学研究紀要」第四十九巻、兵庫教育大学、二〇一六年

（2）「できちゃった」という言葉について、結婚や出産、子育ての重要性を軽減し、それらのライフイベントに対する自己決定と自己責任を忘れさせてしまう意図せざる機能があるという可能性を家族社会学者の渡辺秀樹は指摘している。渡辺秀樹「現代日本のパートナーシップ――恋愛と結婚の間」、柴田陽弘編著『恋の研究』所収、慶應義塾大学出版会、二〇〇五年、三〇五―三二三ページ

（3）荒牧央「平成でどんな意識が変わったか――「日本人の意識」調査の結果から」「中央調査報」第七百三十九号、中央調査社、二〇一九年（https://www.crs.or.jp/backno/No739/7391.htm）［二〇二三年十月三十一日アクセス］

（4）中村真理子「日本における婚前交渉の半世紀――未婚者の性行動はいかに変化してきたのか？」、

国立社会保障・人口問題研究所編「人口問題研究」第七十八巻第三号、国立社会保障・人口問題研究所、二〇二二年

（5）国立社会保障・人口問題研究所「現代日本の結婚と出産——第16回出生動向基本調査（独身者調査ならびに夫婦調査）報告書」二〇二三年（https://www.ipss.go.jp/ps-doukou/j/doukou16/JNFS16_ReportALL.pdf）［二〇二三年十月三十一日アクセス］

（6）中村メイコ「私の婚約発表」「主婦と生活」一九五六年三月号、主婦と生活社、一七〇—一七四ページ

（7）大森美佐「「恋愛」への意味づけの書き換え——愛・性・結婚の結合と分離に注目して」「家族関係学」第三十八号、日本家政学会家族関係学部会、二〇一九年

（8）厚生労働省「平成17年度人口動態統計特殊報告 出生に関する統計」二〇〇五年（https://www.mhlw.go.jp/toukei/saikin/hw/jinkou/tokusyu/syussyo05/syussyo3.html#3-2）［二〇二三年十月三十一日アクセス］

（9）厚生労働省「令和3年度 出生に関する統計の概況」二〇二一年（https://www.mhlw.go.jp/toukei/saikin/hw/jinkou/tokusyu/syussyo07/index.html）［二〇二三年十月三十一日アクセス］

（10）佐藤信『日本婚活思想史序説——戦後日本の「幸せになりたい」』東洋経済新報社、二〇一九年

（11）「日刊スポーツ」（東京版）二〇〇三年一月二十八日付、二三面

（12）リクルート「結婚準備完ペキマニュアル プロポーズから結婚までの流れ・結婚式の準備まとめ」「ゼクシィ net」二〇二三年（https://zexy.net/mar/junbi/）［二〇二三年十月三十一日アクセス］

（13）平井晶子「歴史と比較から読み解く日本の結婚」、平井晶子／床谷文雄／山田昌弘編著『出会いと結婚』（「家族研究の最前線」第二巻）所収、日本経済評論社、二〇一七年、一—二四ページ

(14) 内閣府男女共同参画局編『男女共同参画白書 令和4年版』内閣府、二〇二二年(https://www.gender.go.jp/about_danjo/whitepaper/r04/zentai/index.html)[二〇二三年十月三十一日アクセス]

第3章　離婚の語りにみる日本夫婦の親密性

大森美佐

はじめに

後期近代社会以降の欧米社会では、女性の社会的地位向上の結果、事実婚や同棲、婚外出生、離婚などが増加し、多様な親密関係の選択が可能になった。例えば、フランスやスウェーデンでは約六〇%の子どもが非法律婚カップルから生まれるなど、人々の結婚や家族に対する意識、またそれらに関わる性愛の規範は大きく変化したといえる。イギリスの社会学者アンソニー・ギデンズは、後期近代社会では、制度や伝統によって担保されてきた愛情関係は崩れ、かわりに「純粋な関係性」[(1)]へと移行し、「今日、愛情とセクシュアリティは、純粋な関係性を介して一層強くむすびついている」[(2)]と論じている。しかし、こうした愛情とセクシュアリティが「純粋な関係性」を介して結ばれる親密性は、権力関係を中心とした制度による支えがないため、関係解消（離婚や事実婚の解消）のリスクと常に隣り合わせだともいえる。

対して、日本での親密性は欧米のそれとは異なるという論考が多い。例えば、野口裕二は、日本での親密性には性的関係が必須ではなく、性的関係を含まない親子やきょうだい関係もそれに含まれると指摘する。(3) また、Moriki Yoshie は、日本の「夫婦」であることの意味は、身体的な親密性を伴うロマンチックな関係の永続的な維持ではなく、子どもを中心とした「家族」(the family) の維持にあるため、セックスレスは問題にならないと論じる。(4) このように、日本の夫婦の親密性には必ずしも性関係が要件とされないため、ロマンチックな関係の消失が離婚につながるわけではなさそうだ。では、日本の夫婦がその関係を解消するのは、どのようなときなのだろうか。

「家事令和2年度司法統計」によると、家庭裁判所に離婚の申し立てをした者は五万八千九百六十九人で、うち約七〇％が妻からの申し立てである。申し立て理由について夫婦別にみると、夫婦ともに第一位は「性格の不一致」（夫：約六〇％、妻：約四〇％）だが、第二位以降に違いがみられる。夫の場合、第二位に「精神的虐待」（約二〇％）、第三位に「異性関係」（約一四％）と続く。他方、妻の場合、第二位に「生活費を渡さない」（約三〇％）、第三位に「精神的虐待」（約二五％）と続き、第四位の「暴力を振るう」（約二〇％）も割合としては大きい。(5) しかし、日本の夫婦の約九〇％が当事者夫婦の合意だけで成立する協議離婚をしていて、裁判離婚は約一〇％程度にすぎない。そのため、これらの申し立て理由は離婚の一側面を捉えたものでしかなく、そのほか多くの離婚の経緯や理由については公的統計では把握することができない。離婚の背景にはさまざまな要因が複雑に絡み合っているからこそ、離婚に至るまでの経緯とその背後にある文化的・社会的背景に着目する必要があるのである。

アリソン・アレクシーは、「人々が離婚するとき、かれらは文化的規範、理想、イデオロギー、そしてそれらの制限と可能性を同時に明らかにする方法で、親族関係、経済の流れ、法的および社会的アイデンティティを解きほぐし、再構成する。例えば、離婚はまさに「理想」の家族構造についての議論を前面に押し出し、離婚による新たな家族の可能性を閉ざしてしまうのだ」(6)と述べる。

離婚のきっかけ	子どもの有無	再婚の有無など
DV と浪費癖	男児2	なし
性格の不一致 出産年齢への意識	なし	あり（32歳） 再婚後、2児出産
セックスレス	男児1	あり（38歳）
夫の借金発覚 出産年齢への意識	なし	あり（33歳ごろ） 再婚後、１児出産
性格の不一致	なし	なし
不貞行為 生活費を渡さない	男児2	なし 交際相手あり

つまり、離婚にはその社会の理想とする夫婦観や家族観が反映されるということだろう。そこで、本章では離婚という経験をめぐる語りをもとに、現代日本の夫婦観や家族観を明らかにすることを通じて、日本の夫婦の親密性について考えていきたい。

1　調査協力者の紹介

本論に入る前に、調査協力者たちを紹介したい。調査協力者たちのプロフィルは表1に示した。離婚は子どもの存在に大きく左右される。同じ離婚を経験した

表1　対象者のプロフィル

仮名	年齢 出生年	性別	調査実施 都道府県	離婚時の 年齢	職業	婚姻期間	離婚申し出
中尾	41歳 1978年	女	愛媛県	40歳 (4年間別居)	会社員	15年	本人
松永	43歳 1976年	女	神奈川県	31歳	医療系技師	7年	本人
小泉	44歳 1974年	女	愛媛県	33歳	専業主婦	9年	本人
桑原	48歳 1971年	女	東京都	32歳	アルバイト	8年	本人
古賀	49歳 1969年	女	宮城県	30歳	事務職	9年	本人
片岡	54歳 1965年	女	埼玉県	34歳	会社員	8年	本人

者であっても、子どもがいるかどうかによって離婚への意識や意味づけにも違いがあると予想される。そこで本章では、離婚時に子どもがいた女性といなかった女性の両者へのインタビューデータを分析対象とした。離婚時に未成年の子どもがいたのは三人で、残りの三人にはいなかった。再婚の有無については、三人が再婚し、うち離婚時に子どもがいなかった二人が再婚後に出産していた。インタビュー調査時の協力者の年齢は四十一歳から五十四歳、一九六五年から七八年生まれの女性であり、ちょうど近代家族の最盛期に子ども時代を過ごしてきた世代、あるいは生まれた世代だといえる。[7] 離婚時の年齢は三十歳から四十歳であり、一人を除く五人は三十代前半で離婚していた。また、婚姻期間の平均は九・四年だった。離婚の申し出については、六ケースとも妻である調査協力者本人からおこなわれていて、離婚の主なきっかけとしては、夫が有責配偶者の場合が三ケース、価値観の不一致が二ケース、セックスレスが一ケースだった。

2　離婚経験の語りと離婚への意味づけ

離婚時に子どもがいた女性たちの語り

①母として生きる

　離婚時に子どもがいた女性は片岡さん、小泉さん、中尾さんの三人である。うち二人の離婚のきっかけは夫の不貞行為や生活費を渡さない、ドメスティックバイオレンス（DV）などであり、結婚生活の維持を妨げる大きな問題を抱えていた。

　片岡さんは父親の不貞行為が原因で両親が離婚していたこともあり、もともと結婚に憧れなどはなく、職業キャリアを優先したい気持ちが強かった。しかし、結果的には男性と結婚することになる。その男性には離婚経験があり二人の幼い子どもがいた。そのため、彼女にとって結婚することは、継母になること、そして継子を育てていた義理の両親と同居することを意味していた。結婚生活を始めて数年間は、継子から実子への嫉妬、義父の酒癖の悪さ、義母の彼女に対する対抗意識などが原因でストレスフルな日々であったものの、夫婦仲自体に問題はないようだった。しかし、次男が一歳十カ月のころに片岡さん夫婦は離婚することになった。離婚の経緯について、片岡さんは次のように振り返り語った。

要するに彼女、女の子ができちゃったわけ。彼女。原因が。たぶんできただけじゃ離婚までいかなかったと思うんだけど。飲み屋の、キャバクラの女の子。まず二十四時間、昼夜問わずいたずら電話。もうその女の子から。いたずら電話と、あと元夫が、朝まで帰ってこなくなった。最初十二時、一時、二時、三時って、とうとう朝になる。で、えっと、お金を入れなくなった。

興味深いのは、不貞行為が離婚のきっかけにはなったが、決定的な原因ではないということである。不貞行為については、彼女自身も「浮気はするよ」と男性の婚外恋愛を認めるような発言もしている。しかし、生活費を女性との交際費に充てたことに関しては、「そういう責任感がない行動が今後の未来を何か描けなかった。うん。だったら一人で生きてったほうがいいかなって思っちゃって」と、厳しい反応を示した。こうした語りの背景には、彼女の社会や家庭内でのジェンダー不均衡に対する意識がある。

やっぱりまだまだ日本も男尊女卑だと思うんだよね、何だかんだ言ったって。いくら男女均等法があるとかいっても。やっぱり、幸せになれるかどうかって旦那さん次第じゃない。

また、彼女は「長い人生生きてれば、〔妻や夫以外に〕好きな人ができちゃうこともあるかもしれないけど、それをいかにわからないようにしてあげることが愛情だよ」とも語った。片岡さんの離婚の原因は一見すると夫の不貞行為に集約されそうだが、彼女の語りからは、不貞行為そのものではなく、不貞行為をきっかけに家族を経済的困窮に陥れたことが問題なのだということがわかる。とりわけ彼女の場合は、結婚と同時に継母にならなければいけなかったため、結婚や子育てに対する意識や覚悟ははじめから強かったといえる。そのため、彼女にとって夫婦関係で重要なのは、ロマンチックな横のつながり以上に経済的に安定した家庭経営であり、それが夫として父親としての愛情の証しだということなのだろう。(8) 離婚後は、何人かの男性と交際してきたというが、交際相手による子どもへの虐待などを恐れて「子どもに会いたい」と言われた時点で関係をすべて終わらせてきたという。そうした子どもを優先とする生き方を彼女自身は「女を捨てた」と表現していたが、成人した息子が「お前はお母さんしかいないのにいつも笑ってて」「いい家庭環境で育ったんだな」と評価されているのを聞いて、「一人でいてよかったなってちょっと思う」とシングルマザーとしての生き方を評価していた。

中尾さんも片岡さんと同様、両親の離婚を経験している。しかし、片岡さんと中尾さんの間で大きく異なるのは、結婚に対して夢をみていたという点である。「波瀾万丈」で経済的に困窮した家に育ったという片岡さんは、結婚当初の意識について次のように語った。

あの、旦那さんのお家には両親もいるから、こう温かい家庭がつくれるんじゃないかっていう、うん、思いはありましたけど、いま思えばまあ現実からは逃げていたなとは思いますね。主人も酒乱だったたっていうのも。あの、独身のときにわかってはいたけど。

中尾さんは「〔自営業の家だから〕お金はあるだろうな」「きっと結婚したらお酒も直るかな」と、これまで抱えてきた問題が結婚すれば解決できると期待していた。しかし、現実には夫の酒癖の悪さやアルコール代に消える生活費、加えて愛媛県の「田舎」特有の文化や夫の家族との関係に悩み、孤独感を強めていった。そこで彼女は、「子ども産めばどうにかなるかな」と出産〔子ども〕に期待するようになる。しかし、第一子を妊娠するまでの四年間の過程にも、彼女は心身ともに大変な苦労を味わった。なかなか子どもを授からなかった彼女は不妊治療に通い始めたが、夫には前妻との間に子どもがいたため、「俺には問題がない」と付き添ってもらえず、一人で通院していた。そして、治療が一向に進まない様子をみた医師からは「三百六十五日セックスしてたらいいよ」とさじを投げられてしまう。中尾さんの意に反して元夫は医師の言葉をあっさりうのみにし、子どもを妊娠してつわりがひどくなるまでの四年間、毎日のようにセックスを強要される日々に苦しんだ。また、そのセックスは夫都合であり、夫が飲みにいって帰ってくる午前三時や四時まで起きて待っていなければならないうえ、そうでなければ、「殺される寸前までボカスカ」暴力を振るわれる恐怖があった。

妻に対して暴力を振るうアルコール依存症の父親、子どもよりも自分がいちばんだった母親のもと、経済的に困窮した環境で育った中尾さんにとって、自らの結婚や出産は「温かい家庭」や「楽になれる」場所をつくるものであるはずだったが、出産後も夫の酒癖の悪さや浪費、夫の家族との関係や家庭内暴力は改善されず、何年間も夫とのつらい生活に耐えていた。それは彼女のなかで

「私さえ我慢すれば」という子どもへの思いがあったからだ。離婚した現在も、彼女は「女性」としての自身の幸せよりも母親として子育てをすることがいちばんであるとし、男性との交際や再婚は考えず、自分と二人の子どもとの「和合」を守りたいと語った。

②性愛の不在は離婚原因になりうるか

他方、小泉さんはほかの協力者とは少し異なる離婚背景がある。調査協力者六人のうち夫婦の性愛について語ったのは、小泉さんだけだった。小泉さん夫婦が離婚に至ったのは結婚から九年後のことだった。しかし、結婚生活の半分は夫とのセックスレスについて悩み、それが原因で離婚を考えるようになった。小泉さん夫婦の間に性生活がなくなったのは、第一子出産後である。産後しばらくは性生活がなくても問題には思わなかったが、そろそろきょうだいがほしいと思ったタイミングで「恥を忍んで」誘ってみたところ、夫からの反応は鈍く、夫が小泉さんを性愛の対象としてみていないことに気づき始めたという。さらに夫は、セックスだけではなく、手をつなぐことや彼女の誕生日にデートすることにも「そんなことして何の意味があるん?」と消極的であり、徐々に女性としての自尊心が削られていく感じがしたと語った。そして、次の語りのように、小泉さんはついに夫と両親に離婚の意志を伝えた。

［セックスレスを問題視したのは］三十そこそこだったんですよ。ああ、私、もう一生セックスしないで一生を終えるのか?と思って、この人と結婚しているかぎり。ばかばかしいなと思い

始めたら、どんどん歯車が合わなくなって。私、旦那と親の前で、はっきり言ったんです。「セックスレスだから」って。

このように、小泉さんにとって、性生活は夫婦関係を維持するうえで重要な要素だった。対して、元夫はセックスレスであることについて「いや、もう家族やし、そんなんやないし」と反応した。つまり、元夫にとっては、夫婦であることに性的な親密性は含まず、「そんなこと」で離婚するのは信じがたいことだったのである。小泉さんの元夫のように、子どもは希望しても、子どもが生まれてしまえば、性関係をもたなくなるのは決して珍しいことではない[9]。そして、セックスレスがさほど問題にならないのは、日本の夫婦にとって重要なのは、身体的な親密性を伴うロマンチックな関係の永続的な維持ではなく、子どもを中心とした「家族」(the family) の維持だからである[10]。ここに日本の夫婦の親密性のなかで、どのように性愛が位置づけられているかが垣間見える。セックスレスに悩んだ小泉さん自身もセックスレスだけでは社会通念的に離婚するのが難しいと感じていて、父親として家庭を顧みないなど、ほかにも問題があったからこそ離婚できたと捉えている。

小泉さん：相手のことは大好きで、ほんとに人間的にも尊敬してるけれども、ただ唯一、そこ〔セックス〕だけが。

調査者：だけがない。

小泉さん：っていう人の場合は、離婚っていう話には至らないじゃないですか。だから、そうなると、逆につらい。

離婚時に子どもがいなかった女性たちの語り

①離婚と出産との関係——三十代前半での離婚

前項までは、子どもがいた女性たちの離婚の経緯とその意味づけをみてきた。本項では、離婚時に子どもがいなかった女性たちの語りに注目し、彼女たちの離婚に至る経緯とその背景にある意識を探る。離婚時に子どもがいなかったのは、桑原さん、松永さん、古賀さんの三人だった。彼女たちもすでに紹介した協力者たちと同様に、婚姻継続の過程では、夫の借金発覚や価値観の不一致など、それぞれに問題を抱えていた。ただし、子どもがいた女性たちとは異なり、離婚の決断に出産への意識が密接に関わっていることが特徴的だった。なかでも、桑原さんと松永さんの次の語りからは、離婚を決意するうえで「子どもを産むこと」が強く意識されていたことがわかる。

桑原さんは、二十八歳のときに一回目の結婚を経験した。彼女は、八歳年上の元夫との結婚について、高学歴で稼得能力への期待があったと述べた。しかし、実際には、「将来性があるかなと思って結婚したんだけど、全く将来なかったっていう」と語るように、元夫は事業の失敗によって負債を抱えることになった。桑原さん夫婦にとって、借金やそれらに関わるコミュニケーションの不足は、離婚のきっかけになる重大な問題ではあるが、彼女の語りからは、「子どもを産むこと」が離婚への推進力になっていたことがうかがえる。

三十二ぐらいのときにうちにいるときに私が。その人の子どもはほしくない、ぶっちゃけほしくないいんだけど、そういうつもりじゃないいんだけど、「もうほしいいんだよね」って話をしたんだよ、もう女として、もうここで産んどかないともうまずいなっていうのがあって。したら、「俺の子じゃなくていいいんでしょ?」って言われたんだよ。あ、そうだと思って。あ、この人の子どもがほしいわけじゃないけど、一応、言ってみたんだけど、「俺の子じゃなくていいいんでしょ?」って言われて、あーと。そのとおりですみたいな。

このように、桑原さんの語りからは、「子どもがほしい」という強い意志と自身の年齢に対する焦りが感じられる。離婚後、彼女はすぐに実家に戻り、糖尿病の母と高齢の父との同居を開始した。しかし、入退院を繰り返す母の介護や家事をしていては「一生結婚できない」「嫁に行かなきゃもういけない」と考え、再び離家し離婚の翌年には再婚した。彼女が「とりあえず三十五までには産みたかった」「離婚してでもやっぱ一人は産んどいたほうがいいかなと思って」と語るように、彼女のライフコースでは、最初の結婚を継続することや両親の介護よりも、「子どもを産むこと」が優先されるべき最重要事項だった。

松永さんも同様に、出産への意識が離婚を決心する理由になったと語った。松永さんと元夫は、五年間の交際を経て結婚した。結婚する以前から夫の転勤について日本各地を転々としていたが、医療従事者だった元夫のアメリカでの海外就労が決まり、それに帯同することがきっかけで結婚した。しかし、海外での多忙な生活によって松永さん夫婦はすれ違うようになる。渡米した当初、家族ビザで帯同した松永さんは「英語も話せないし、仕事もしてないし、友達もいない、することもないんで、子どもを産んでみようかなって思って」と、夫に子どもをもつことを相談したという。しかし、夫からは「そういうつもりで来てないから」と自身のキャリアを優先するために、子どもをもつことを断られたという。その後、彼女も医療系の大学に入学したが、元夫は彼女が大変な時期でも家事全般を妻に任せ、物理的にも精神的にも全くサポートしてくれなかった。これらのすれ違いによって、彼女は元夫に対して徐々に不信感を募らせていき、三十歳ごろついに離婚を決心した。彼女が離婚を決心したのには、桑原さんと同様に、「子どもを産みたい」という意識が関係している。このことについて、彼女は次のように語った。

遺伝子レベルでこう命令が来て、なんかこう子どもを見たいになって、子どもをつくらねばみたいになったときに、子どもがほしいってなったときに、（略）すごく考えるようになって、もうそんなに好きでもない人の子どもを産んで育てる自信が、（略）なんかしかも最近すごく不信感をもってる人の子どもを産んで育てるなんてできないって思ったときに、もう離婚するしかないって、すごくこう、絶対離婚しようって思ったんですよね。

他方で、松永さんは元夫との婚姻継続に関して、「子どもとかほしいって思わなければ、べつにすごく嫌いってわけじゃないんで、べつにそのまま一緒に暮らしても全然って思ったんですけど」とも語っていた。ここに松永さんが求める夫婦の親密性のあり方の変化が見え隠れする。子どもをもつことを希望していた彼女にとって、三十歳を目前にした夫婦関係への評価は、一対一の横のつながりではなく、子どもを中心に置いた父母としての夫婦関係へとシフトしていったということなのだろう。一方、子どもをもつことよりもキャリアに専念し、一切の家事を妻任せにしていた元夫にとっては、松永さんとの婚姻生活は「幸せ」そのものだった。だからこそ、妻からの離婚の申し出には「こんなに幸せなのに、そんなこと言うなんて、なんか頭がちょっとおかしくなったかも」と妻の精神状態を疑うほど、受け入れがたい出来事だったという。

離婚時、松永さんは三十一歳だったが、その一年後には再婚し、さらにその一カ月後には妊娠している。再婚後、彼女は夫に「三カ月試して子どもができなければ病院には行ってもらうから」と不妊治療の可能性も伝えている。それだけ彼女にとって再婚は出産することが前提のものであり、離婚理由とも直結していたのである。

②「普通の家族」への思い

桑原さんと松永さんのケースでは「子どもを産むこと」への強い思いが彼女たちを離婚へと向かわせていたが、古賀さんに関しては、離婚に明確な理由はなく、またそのほかの女性と比べると、夫に重大な問題があるようなケースでもなかった。彼女の場合、婚姻生活十年の間で蓄積された行き違いや不満が離婚の申し出へとつながったのである。

何だろうね。ちょこちょこたまった何か不満が、もう、もう、もう限界ですっていう感じになっちゃったのかな。大きくもめるようなこととかはなかったけどね。

このように、古賀さんの離婚理由は、夫からのDVや借金などといった特筆すべき問題ではない。風邪を引いたことをきっかけに夫婦別寝になったり、金銭感覚の違いがあったり、そのほか多くの夫婦が経験するような日々の小さな不満やすれ違いの積み重ねによって夫婦仲がこじれていったといえる。しかし、彼女の語りのなかで印象的なのは、何度も「普通のかたちの家族」「普通のかたちの家庭」について言及する点だ。それは、彼女が結婚するときに理想としていた家族のあり方であり、また彼女自身の生まれ育った家族のあり方そのものでもあった。

「父親と、母親と、あと妹がいて」という「普通の家族」で育ってきた古賀さんには、「両親に子二人」という戦後の近代家族を希望する意識がみえる。[11] また夫も「同じように、そういう、普通のかたちの家庭を築いていくだろうと思ってた」と、古賀さんはみている。「両親に子二人」という近代家族のなかで子ども時代を過ごした彼女たちは、結婚すれば当然出産すると疑いもしなかっただろう。しかし、二度の流産によって彼女が希望した「普通のかたちの家族」(=近代家族)をもつことはかなわず、夫もまた離婚する直前まで「子どもがほしかった」という気持ちを妻には伝えられないまま過ごしてきた。元夫が離婚協議の最後まで、子どもへの気持ちを伝えなかったのは、自然流産によって傷ついた妻への心遣いだったろうし、何よりも二人にはどうすることもできない事実だったからだろう。しかし、それでも最後に「子どもがほしかった」と伝えたのは、元夫にとってもそれが何より「理想」の家族のかたちだったからだと推察される。離婚の一、二年後、古賀さんは離婚後も交流があった義妹から元夫が再婚したことを伝えられた際、「なんかすっごいほっとした」という。

まあ、奥さんいくつぐらいの人だったかわかんないけど、え、なんか五つか六つか下だって言ってたとは思うんだけど、まあ、もしかして、まだ、ぎりぎりもしかして子どももてるかもしれないじゃない。

古賀さんの離婚理由は二度の流産ではない。しかし、彼女の語りからは何度も「普通のかたちの家族」「普通のかたちの家庭」を築くことができなかったことに関する発言がみられ、また三十代のうちに再婚したため子どもがもてる可能性がある夫をおもんぱかる様子も見受けられる。「子どももをもつこと」を希望して離婚後すぐに再婚した桑原さんや松永さんと離婚後の生活に違いはあるが、理想とする家族や夫婦のあり方として子どもの存在が大きいことは共通しているといえる。

おわりに

本章では、女性たちの離婚経験の語りから家族や夫婦への意識を探ることを通じて、現代日本の夫婦の親密性のあり方の一側面を明らかにすることを目的としてきた。

アレクシーは日本の典型的な夫婦関係とは、「関わり合いなき相互依存の関係」であり、一九九〇年代あるいはそれ以前はこのようなパターンが当たり前で、健全な結婚生活そのものだったと指摘する。しかし、現代ではそうした伝統や経済構造、家父長的な規範によって支えられる夫婦関係は過去のものになり、新たにコミュニケーションによって結ばれる夫婦関係が理想とされ、メディアなどでも夫婦円満の秘訣は「コミュニケーションにあり」とその重要性が唱えられている。(12) 他方で、日本の親密性は欧米とは異なり、親密性には性的関係が必ずしも含まれないため、共同体としての親子やきょうだいが占める割合が大きいとされ(13)、横のつながりの脆弱さが指摘されてきた。

離婚時に子どもがいた女性のうち片岡さん、中尾さんの語りからは、子どもを中心とした共同性としての夫婦の親密性のあり方が確認され、経済的原因や暴力などの問題でその共同性が脅かされたときに離婚に至っていた。また、それらの共同性を支えるのは父親／母親としての役割の遂行であり、またそれこそが愛情のかたちとして捉えられていた。そのため、「女を捨てた」「女としての幸せよりも子育て」という彼女たちの語りからも読み取れるように、離婚後は不在になった父親役割（主に稼得役割）を自身がかわりに担い、「母親―子」からなる親密性を第一義的に捉え、再婚も子育てが終わるまでは考えていないようだった。唯一、夫婦の親密性のなかで性愛を重要視していた小泉さんでさえも、セックスレスだけでは離婚に至る原因にはならないという認識があり、ほかの問題を結び付けて離婚を捉えていた。ここから、日本夫婦の親密性に性愛が必ずしも含まれるわけではないことが読み取れる。

他方で、離婚時に子どもがいなかった三人の女性たちの語りからは、離婚と妊娠・出産とを結び付けて考える意識が確認できた。特に、「産む性」として妊娠・出産を強く希望している女性の場合、問題がある婚姻生活に早く終止符を打ち、早く再婚、妊娠、出産しなければという意識から三十代の早い時期に離婚を決断していた。初婚継続ではなく、自らの意思で離婚を選択することは、ライフコース選択の多様化や個人化と捉えることもできるが、彼女たちの離婚の目的は再婚して「子どもをもつこと」にあり、そうした点では、「子どもを中心とした夫婦」という画一的なライフコースや近代家族のあり方から何ら逸脱していないとも捉えられる。また、ここに結婚と出産とが結び付けられる傾向にある日本の結婚のあり方、特に子どもは婚姻関係にある夫婦の間に生まれるべきだとする嫡出規範の根強さを垣間見ることができる。

注

（1）アンソニー・ギデンズ『親密性の変容――近代社会におけるセクシュアリティ、愛情、エロティシズム』松尾精文／松川昭子訳、而立書房、一九九五年

（2）同書九〇ページ

（3）野口裕二「親密性と共同性――「親密性の変容」再考」、庄司洋子編『親密性の福祉社会学――ケアが織りなす関係』（「シリーズ福祉社会学」第四巻）所収、東京大学出版会、二〇一三年

（4）Yoshie Moriki, "Physical Intimacy and Happiness in Japan: Sexless marriages and Parent-Child Co-sleeping," in Wolfram Manzenreiter and Barbara Holthus eds., *Happiness and the Good Life In Japan*,

Routledge, 2017, pp. 41-52.

(5) 裁判所「第19表　婚姻関係事件数——申立ての動機別」「家事令和2年度司法統計」(https://www.courts.go.jp/app/files/toukei/253/012253.pdf)［二〇二四年一月十五日アクセス］

(6) Allison Alexy, *Intimate Disconnections: Divorce and the Romance of Independence in Contemporary Japan*, University of Chicago Press, 2020, p. 21.

(7) 日本で近代家族が普及したのは戦後の高度経済成長期にあたる。近代家族とは公私の分離、情緒的結合の重視、子ども中心主義、性別役割分業の四つを主な特徴とした家族のあり方である。落合恵美子『21世紀家族へ——家族の戦後体制の見かた・超えかた』(有斐閣選書)、有斐閣、一九九四年

(8) 山田昌弘は、近代家族で夫婦の性別役割分業が重要なのは、家族における愛情に関わるからだと述べる。性別役割分業のもと、夫が生活費を稼ぐことが妻への愛情、妻が家事・育児を引き受けることが夫への愛情というイデオロギーが普及していれば、コミュニケーションがなくても家族に愛情があると信じることができ、この近代家族の完成期には離婚も少なかったと論じる。山田昌弘「日本家族のこれから——社会の構造転換が日本家族に与えたインパクト」、日本社会学会編「社会学評論」第六十四巻第四号、日本社会学会、二〇一三年、六五一ページ

(9) Alexy, *op.cit.*, p. 48.

(10) Manzenreiter and Holthus eds., *op.cit.*

(11) 落合恵美子は「家族の戦後体制」の特徴の一つとして、ライフコースの画一化、すなわち、みんなが適齢期に結婚し子どもを二、三人もつといった「再生産平等主義」の社会の確立を指摘する。一九七〇年代半ばまでは合計特殊出生率が比較的安定した時期にあり、古賀さんをはじめとする本章の調査協力者たちの親世代はこの時期に彼女たちを出産している（前掲『21世紀家族へ』）。

(12) Alexy, *op.cit.*, pp. 48-49.
(13) 前掲「親密性と共同性」

第4章　離別女性の生活再建
――サポートネットワークを中心に

安藤 藍

はじめに

離婚は夫婦関係の解消であるとともに、家族生活全体を大きく揺さぶるライフイベントであり、大人のメンタルヘルスや子どもの幸福度にも影響を及ぼすことなどが明らかにされてきた(1)。そのため、離婚という選択に至る要因の考察(2)や、ひとり親家庭への支援が、貧困問題への対応と相まって検討されてきたといえるだろう。それらは喫緊の課題であることに相違ない。他方で、離婚を経験した人々が困難や生きづらさへの対処を含めてどのように生活を立て直していくのか、十分に取り上げられてきたとはいえないように思う。本章では、離別者の生活再建の諸相を描いてみたい。

離婚をどうみるかいろいろな見方があるが、ここでは二つの視点から離婚経験を読み解いていく。

一点目は、「夫婦関係の解消は、個別の出来事ではなく、夫婦が一緒に暮らしている間に始まり、法的な離婚が成立したあとも長く続くプロセスである(3)」という知見を参照し、離婚をプロセスとして捉える視点で、その後の生活をどのように立て直すかを明らかにしていく。具体的には、生活の立て直しのなかでもサポートネットワークのあり方やその活用の仕方、サポート関係維持の工夫などに着目する。二点目は、離婚を標準型家族(4)からの離脱と捉える視点である。配偶者のサポートが重要な位置を占め、子育てをする婚姻家族を所与とした日本社会で、離婚し単身で生きる、子どもを連れてひとり親として、あるいは再婚してステップファミリーを生きる、という標準型家族から距離がある人々の内部の多様性を、語りから明らかにしたい。そのため本章では、離婚時に子どもがおらず、子どもをもつことを望んで離婚後ほどなく再婚したパターン（第3章「離婚の語りにみる日本夫婦の親密性」〔大森美佐〕でいうと桑原さんや松永さん）は、厳密には標準型家族ではないものの、再婚後生まれた子どもや再婚相手（初婚）からすれば初婚夫婦が営む家庭生活と見なし、含まないことにした。

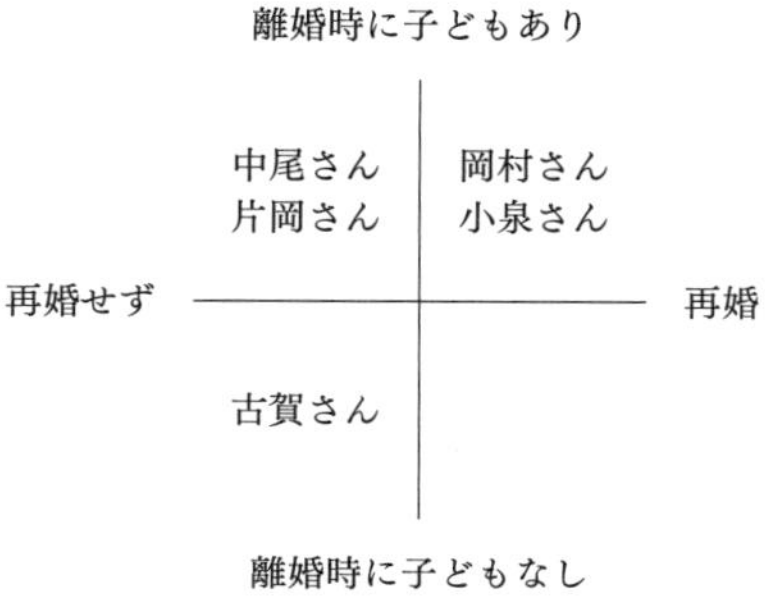

図1　本章の対象

　本章で取り上げるのは、全国家族調査18質的調査データのうち、自身に離婚経験がある女性五人のものだ。女性に焦点化した理由は、男性調査協力者の少なさというデータの制約と、女性内のバリエーションを描くという目的による。調査時の年齢は四十一歳から五十四歳、居住地は東北から九州・沖縄までとさまざまであ

	離婚申し出	離婚のきっかけ	子どもの有無	再婚有無	きょうだい
	本人	性格の不一致	0	なし	妹2人
	本人	夫のDVと浪費癖	2	なし	姉1人、弟1人
	本人	夫の不貞行為 生活費を渡さない	2	なし 交際相手あり	妹1人
	本人	夫の借金	3 (1人は再婚後)	あり (39歳)	弟1人、妹1人
	本人	セックスレス	1	あり (38歳)	弟2人

る。調査で家族経験を語れるような女性たちは、どのようなサポート資源をもち、どのようにそれらを駆使してきたか。五人という限られた人々だが、丁寧に読み解いてみたい。

以下、第1節から第3節では、離婚時の子どもの有無と再婚の有無の組み合わせによって分けて記述している。第1節は「離婚時に子どもはおらず、再婚していないケース」(一人)、第2節は「離婚時に子どもがいて、再婚していないケース」(二人)、第3節は「離婚時に子どもがいて、再婚したケース」(二人)である。

1 離婚時に子どもはおらず、再婚していないケース

まず、離婚時に子どもはおらず、その後再婚もしていない古賀さんを取り上げる。

離婚直後の生活

宮城県に住む古賀さんは二十一歳と若くして結婚し、三十

表1　本章で取り上げるケースの概要

仮名	調査時年齢	性別	離婚時の年齢	婚姻期間
古賀	49	女性	30	9年
中尾	41	女性	40	15年（4年間別居）
片岡	54	女性	34	8年
岡村	41	女性	35	10年
小泉	44	女性	33	9年

歳で離婚した。離婚に至る決定打はなかったが、少しずつたまった不満が限界を超え、離婚に至ったという。また子どもがいて離婚した自身の妹の様子と比べて、家財の処分がスムーズで、最低限の荷物を持って家を出ればよかったという。家賃が安かった借家に引っ越して、その後の生活について次のように振り返っている。

　ただ本当にひたすら、まあ、仕事だけしててほかのことを何かしてきたのかな、ちょっと記憶にないくらい本当に、うーん。仕事面白かったんだよね、きっと。だから、もう、それだけで全然不満が、それだけの生活に何ら不満がなかったと思う。

　一人になったことによる寂しさについては「意外とこう、もう二人で生活してすれ違いばっかり多い生活のなかで一人になったから、あんまり、それは感じなかったかなあ」と語る。その後二、三年して、同居する祖母の介護で大変そうだった母を手伝うために実家に戻り、以後ずっと母らと同居している。

仕事の転機

仕事中心の生活に不満がなかった古賀さんだが、その後四十代半ばで転職を経験する。「気がつけば十八年（笑）」になっていた斎場の仕事は、たまたまおばから紹介された職だった。それを辞めることにした最大の要因は給与である。契約職員とはいえ十八年間ほぼ昇給がなく、手取りが十万円あるかないか。残業代が加わり「何とか暮らせるくらいの最低限度の給料」をもらっていたという。古賀さんはハローワークの職業訓練を利用し、全く経験がない介護の仕事に就いた。新しいことを覚えるのに必死で大変だったというが、事務と介護職とを兼ねた仕事で、勤めて約五年になる。地方都市に住み、車の維持に一定の出費が欠かせず、給与が低かった十数年を、古賀さんは同じように離婚して実家に戻った妹や自営業で仕事を続ける母などと実家で暮らすことで乗り越えてきた。

話を聞いた時点で離婚から約二十年が経過していた。次項では長期的にみた単身での生活設計や、実家家族に気配りをしながら生活する様子をみていきたい。

長期的にみた生活の適応——きょうだい間の情緒的サポートなど

現在、古賀さん家族は母、すぐ下の妹とその息子、いちばん下の妹の娘、そして母の交際相手で暮らしている。離婚後しばらくして実家に戻ったのは、いずれ母親の面倒をみようと思ったというのも一つの理由だった。三人姉妹の長女である古賀さん以外にも、二人の妹が子ども連れで離婚して実家に戻ってきた経験があり、古賀さんのおい、めいも同居していた。しかし三人の姉妹間でおい、めいの面倒をみたり、情緒的にサポートしあってきたわけではない。いちばん下の妹は近居だがお金の無心にくる程度だった。彼女の子どもたちを育てたのは祖母である古賀さんの母で、幼稚園時代から弁当を作って持たせるなど、「母がずっと、そうやって〔孫の〕面倒見てきたんですよね」という。古賀さんは、いつか母に介護などが必要になれば自分とすぐ下の妹と家で面倒をみたいと希望していた。その妹とは仲はよく、将来的な話もするし休日にともに出かけることもある。実家に戻る前の仕事一色の生活や離婚後何年か交際した男性との関係をあげながらも、「やっぱりあたしのなかでは、家にいて、その家で、家族、めいだったり、妹だったり、母だったりとかの、そっちのほうがやっぱりたぶんあたしのなかでは大事だから」とプライベートの充実を語った。今後の自分の身の振り方は「そっちには不安はあるんだけど（笑）」と笑いながら、自分の介護や葬儀などの始末ができるお金だけ残せば自分自身のことはいいとしていた。「このまんまでいられたらいいなって思います。いま、まあ、そういう意味では、こう生活が何か安定しているから、そう感じるんだと思う」と締めくくっている。

単身女性の生活困難(5)はしばしば指摘されるが、古賀さんの場合は、転職を経て仕事の充実を図り、妹やめい、母らとの時間を大事に生活していた。古賀さんにとって離婚は転職などと並ぶ、人生の方向が変わる分岐点の一つだと振り返っていた。

2　離婚時に子どもがいて、再婚していないケース

ここからは、離婚時に子どもがいたケースに目を移していく。本項の中尾さんと片岡さんについては第3章でも言及している。中尾さんは元夫の暴力、片岡さんは元夫の不貞行為や生活費をいれない、といった事情で離婚に至っている。調査時、四十一歳の中尾さんは別居して四年を経て離婚が成立したばかり、五十四歳の片岡さんは離婚して二十年が経過していた。偶然、二人とも両親に離婚経験があり、婚姻時は義父母と同居していた。自身の離婚にあたり父母に対する頼り方はずいぶんと異なっている。父母、友人、きょうだいなどとの関わり方の違いに目配りしながら、ようやく離婚が成立した中尾さんからみていく。

離婚直後の生活

元夫の暴力やそれを容認する義父母に耐え兼ねた中尾さんと息子たちを連れ出し、家に住まわせてくれたのは母だった。それまで、中尾さんにとっての母とは、困ったときに子どもを頼りにしたり、子どもよりも交際相手を優先したりしてきた、身勝手な存在だった。しかし、中尾さんの別居から離婚に至る過程ではいちばん力になってくれた。三十六歳での別居時、末子は三歳、また小学校二年の長子は夫の暴力を見てショックを受け、不安定になっていたという。さらに「三歳までは

手塩にかけてしっかり育てたい」という考えもあり、「いますぐ働きにいくっていうふうになったら子どもたちどうするの」と中尾さんは悩んだ。そうした状況で母は「じゃあ私が働くからあなたはパートとか、そのちょっとした、働ける時間で働きなさい」と助言をくれた。こうして母と稼ぎ手・ケア役割を分担する戦略をとることにしたのだった。

中尾さんはできる範囲の仕事として、母がかつて勤めたことがある会社のパートを始める。離婚が成立するまで時間がかかり、家を出てから数年がかりだった。この間、夫から婚姻費用がきちんと支払われたことは金銭的に大きかったと推測される。二年前から始めた事務のパートでは、仕事量の増加に加えて社長が中尾さんの事情を汲んでくれたこともあって、社会保障もついたほうがいいだろうと、六時間の短時間勤務で正社員に登用してくれたという。

このように、別居から離婚に至るまで、中尾さんにとって母のサポートの存在がいかに大きかったかがわかる。しかし、必ずしも実家の母に頼れる人ばかりではない。次に紹介する片岡さんは、母との関係が複雑だったケースである。彼女が頼りにしたのは父や妹、友人だった。片岡さんは元夫と義父のけんかや義父の酒癖の悪さをきっかけに、義父母と同居していた家を子どもを連れて飛び出した。片岡さんの両親も離婚していたが、家出して転がり込んだのは父の家だった。その後夫と一時やり直そうとしたものの、夫が浮気をしたことと生活費をいれなくなったことから、離婚を決意するに至っている。車のローンや元夫が自営業で滞らせた支払いの立て替えなどがあり、片岡さんが抱えた借金は三百万円ほどあったという。離婚に際し土地柄車が必要で、このときもまず頼ったのは父だった。

父にだけは、あの、「母にはちょっと言ってないんだ」って言って、「車買って」って泣きながら電話したら、まあ娘だから、「わかった、わかった」みたいな感じで。もう、その次の日ぐらいには一緒に中古屋さんに行って、五十万円ぐらいの車をとりあえず買ったのかな。それからは、もう、ずうっと父に車を買ってもらってた。

義父母と同居時は自営業を手伝っていたが、その後専業主婦になっていた片岡さんは、幼い二人の子育てと両立できる職探しに苦労した。バブル景気に沸いた独身時代の記憶から、就職に苦労するとは思っていなかったという。二十社以上面接に落ち、友人の紹介で面接にいった会社に採用され、のちに正社員になることができて、現在も勤務を続けている。この本業のほかにも、友人の頼みで定期的に経理の仕事を受けるなど、片岡さんの職歴には、友人が大きく関わっている。子育てでは、高校時代の友人や、同時期に子育てをしていた妹と互いの子どもを連れて出かけたなどのエピソードを語っている。

生活の安定に関わる日々の振る舞い

片岡さんは子どもが小・中学生になると、野球などの部活動費をまかなうために日中の正社員の職のほかに深夜の清掃、早朝のコンビニ弁当工場のアルバイトを掛け持ちした。子どもが寝るまでは家にいてやりたいため、深夜働くことにしたのだという。工場で同僚に深夜の仕事をする理由を聞かれると、あえて母子家庭で金銭的に余裕がないということを話していた。

あえて。言ったほうが、何かこう、「これ、じゃ、子どもにもってってたげて」とか、いろいろくれたりとか、だったかな。あとべつに「チーズ工場で働いてるんだけど、これ、今度チーズ持ってきたげるね」って、すごいチーズの詰め合わせ？　チーズ高いからなかなか買えなかったから、そういうのがロッカーに入ってたりとか。何かすごい、そういうよくしてくれたことがあって。

このような職場の同僚の差し入れや、工場で失敗した弁当などを持ち帰ってもよかった慣行について、「子どもたち食べ盛りだったから助かった」と振り返っていた。

職場でも、学生時代の友人関係でも、片岡さんは「変にプライドを高くしない」「自分のほうが下なんだっていうほうが、みんなと仲良くやってこれたと思う」と基本的な態度は同じである。学生時代の友人で離婚経験がある者はいなかったが、困っているときに子どものお迎えにいってくれたり、必要なものを買って差し入れてくれたりするなど、非常によくしてくれたという。ほかにも「謙虚」でいたことで周囲に助けられた経験を話し、インタビューを通じてその言葉をたびたび口にしていた片岡さん。「いつも何か真面目に謙虚にいると、何かこう、周りがよくしてくれるっていう感じが続いていままできてるのかなっていう気がするかな」と述べていた。

片岡さんの「謙虚」と同じ文脈ではないが、中尾さんからは、「感謝」という言葉が聞かれたのが印象的である。例えば暴力を振るってきた夫について、愚痴や悪口を外に言わない、別居後も子どもが望むときに面会を許すなどの姿勢を貫くのは、容易には理解しがたく感じられる。元夫と別居してからは「感謝、感謝で過ごそうと思って」という気持ちで過ごしてきたという。パートから正社員になれたことについても、「もう愚痴も誰にも言わずってやってたらご褒美がきたかなという感じですかね」と語った。

家庭、職場以外の支え――中尾さん、片岡さん

中尾さんが、大変な暴力に耐え、自分でも「波瀾万丈」と表現する人生を送ってきたにもかかわらず、「感謝」の気持ちでいられたのはなぜだったのか。そう問われた中尾さんは、心の母ともいえる人とのつながりをあげた。その女性は、かつて東京で過ごした子ども時代に出会った、母の勤め先の社長である。中尾さんは出産後、シングルで子育てしながら楽しくできる仕事をと思ったときに、頭に浮かんだのが昔の母（親）と社長だったという。子どものころにその社長と面識があり、その会社で仕事をしたいと久しぶりに電話をしたことをきっかけに、中尾さんは苦労してきた半生を社長に毎日電話で聞いてもらう経験をすることになる。

その社長に話を聞いてもらうなかで、中尾さんは自分のことを理解してくれている人がいると感じたという。例えば、中尾さんはもともと音楽が好きで、歌うことも大好きだった。吹奏楽の盛んな高校に推薦入学が決まっていたものの、家庭の経済状況の悪化によって断念せざるをえなかった経験があった。そうした中尾さんの音楽への思いを実母は気にもとめていなかったそうだが、その

社長はよく覚えていてくれた。

「だって音楽好きだったじゃない？　○○〔中尾さんの下の名前〕ちゃん」っていうので、あっ、何か世の中にたった一人わかってくれる人がいるっていうだけで、あ、ごめんなさい、人って生きていけるなってすごい思いました。

「音楽が好きだけど、やめざるえなかったけど、好きな自分は絶対捨てない」と自分の心に秘めていた大事なことを、社長は聞き出してくれたという。「何かその社長さんがいつも支えてくださっているっていう感じで」「ある意味なんかこう心のお母さんをしてくれてるのかなっていうのは大きいですね」とその存在の大きさを語っている。

片岡さんは、友人たちのサポートがあることをたびたび口にしたが、付き合っているパートナーについても話をしてくれた。インタビュー当時、片岡さんには交際して七年になるパートナーがいた。しかしその男性に限らず、男女のことはどうなるかわからないからと、子どもたちにはいつも交際を隠してきた。息子が大学進学を検討して、学費などお金の心配をして落ち込んだときには、パートナーは相談に乗ってくれ、「全額は出してあげられないけど、とりあえず入学金は出すよ」「一緒に応援していこうよ」というようなことを言ってくれたそうだ。自分の子どもではないにもかかわらず親身になってくれ、「もう付き合ってけっこうたってんのに、初めて何か、すごい感動しちゃって」とパートナーの存在をあらためてありがたく思い、できるなら再婚も視野に入れたい気持ちが芽生えていた。

以上のように、中尾さんと片岡さんは、父母のサポートを中心に生活を立て直しながら、特に家庭外のサポートでは職場や友人たちとの関係に支えられていた。片岡さんにはパートナーのサポートもあった。離婚前に専業主婦だったが、調査時には正社員として働き、これからの生活を前向きに考えようとしていた。

よく知られるように、母子家庭での就労状況は一般に厳しい。そのため二人が相当に大変だった結婚生活に終止符を打ち、人生を語れる状態にまでなる過程で、周囲に対して謙虚にいたり（片岡さん）、感謝をするようにしている（中尾さん）という背景には、言葉の意味そのままに周囲の支えへのありがたさの意味もあるだけでなく、周囲のサポートを得やすくする戦略的側面も、そしてこの社会が彼女たちにへりくだるようにさせている部分も、あるのかもしれない。

3　離婚時に子どもがいて、再婚したケース

最後に本節では、子どもを連れて離婚したあと、再婚しステップファミリーを生きる女性たち、岡村さんと小泉さんの二人を取り上げる。

離婚直後の生活

岡村さんは幼少期から、きょうだい、いとこ、祖父母、おばなど親族との関係が強かったほうである。父のきょうだいが五人と多かったこともあり、近所の友達よりも祖父母宅でいとこたちとずっと遊んでいたという。また、初婚・再婚いずれも妊娠先行型結婚だったのは、岡村さんをはじめ親やおばらも、子どもは授かりもので何かの縁という感覚があることとも関連している。二十六歳で長男を授かって結婚、その後さらに二人の子どもに恵まれた。しかし元夫には借金癖があり、自分の親や岡村さんの親ばかりでなく闇金など方々からお金を借りていたという。岡村さんの車も担保にしてお金を借り、その車がいつの間にかなくなっていたことに「ぶち切れて」、別れを決めたということだった。元夫は借りたお金をパチンコやスロット、女性関係に使っていたようで、日頃から子育てなど一切しなかったという。子どもたち三人について、元夫とは会わせないかわりに養育費は不要とした。

子ども三人を連れ養育費もなかった岡村さんにとって、離婚前から就いていた郵便局の仕事を変えることなく、現在も続けている点は支えになったと思われる。この職は母の定年退職と入れ替わりに就いた職だ。時給制だがフルタイムであり、三人の子どもは自分の扶養に入れて生活している。また離婚後に住んだ家は、もともと生まれ育った実家である。両親たちは近くに新たに家を建て直している。子どものころに住み慣れた家に戻り、離婚前後で仕事を継続できたことは、岡村さんの離婚後の生活を支えたといえるだろう。

第３章にも登場した小泉さんは、セックスレスの問題だけでなく、元夫が夫婦の時間を大事にしたり、子どもの面倒をみたりしようとしなかったことから、離婚を考え始めて一年ほどで離婚に至っている。婚姻時より、飲食店の深夜から早朝にかけてのパートを始めていて、岡村さん同様、収入がない状態で離婚したわけではない。加えて、小泉さんは婚姻中に自宅を建てた際、小泉さんの父の土地に父名義でローンを借りていたため、離婚時は元夫が家を出て実家に戻ったという。小泉さんも、住まいと仕事の点で離婚直後の生活は大きく変えずにすんでいる。

再婚後の生活——実家と元夫

岡村さんが再婚相手と出会ったのは、大学時代の指導教員の退官イベントであり、学生時代以来の再会だった。「あっちもまだ一人で結婚してないってなって、自分も別れるってなって」と、再会して四年ほど付き合ったあと、妊娠先行型結婚をした。結婚してよかった点と大変な点を尋ねると、「最初のころは、やっぱり片親よりは二親いたほうがいいなー」と思っていたものの、結婚してみると大変なことも多かったという。いまの夫はずっと実家暮らしで、家のことを何もできなかった。フルタイムで十八時に仕事を終えてからも、二歳を迎える末子の世話など家事・育児に手がかかり、「ぶっちゃけ、一人のほうが楽だったな」ともこぼしていた。

岡村さんに日常的なサポートを提供しているのは、実家の両親や弟である。弟は父親のように岡村さんの子どもたちに接してくれ、そのことで弟が結婚しないのではと周囲からは言われることもある。特に、弟と長男は男同士のほどよい関係が築かれているようだという。現在の夫には再婚前から子どもたちを会わせていて、長男も夫のことを「お父さん」と呼んだ時期もあったが、思春期が来て「おじさん」と呼ぶようになった。子どもなりの葛藤がいろいろあったと岡村さんも認識している。長男は「男なんで、基本、放し飼いっていう感じ」であり、金曜日から週末にかけてよく岡村さんの実家に泊まり、岡村さんの弟と過ごすことで、自宅とはまた別の居場所を得ている。両親は、子どもたちの送り迎えなどをしてくれ「だいたい、おんぶにだっこされてる」ような感じでサポートしてもらっているが、岡村さんも体調不良で運転ができない母を連れてよく買い物にいくなど、互いに支え合っている様子がうかがえる。土日になると岡村さんと子どもたちは、いつも岡村さんの両親と一緒に過ごすのだという。頻繁に実家にいくのは、子どものころから両親だけでなく祖父母などとみんなで一緒にいたにぎやかな記憶があるからで、自分の子どもたちもまた「そんな大人に、大人みんなに育てられてる」と感じている。

岡村さんは離婚にかかわらず実家との交流が密にあり、元夫やその家族との関係は再婚によって途切れている。この点、小泉さんは対照的である。小泉さんは、パート先で現在の夫に出会っている。当初母からは再婚を反対され、母との関係は悪くないというものの、子ども時代に母から自分のことを十分理解しようとしてもらえなかった思いや、母なりの理想の娘像を押し付けられ反発してきた経緯があり、いまでも忘れられないしこりが残っている。しかし、年が離れた二人の弟とは、「いまは一緒に旅行にいったりとかするぐらい、仲良し」だ。小泉さんの元夫は、のちに再婚した際にも近くに居を構えたため、現在でも小泉さんと町内会が同じで回覧板のやりとりなど交流がある。さらに、子どもの養育費のことなどで連絡をとる機会があり、関係は悪くない。小泉さんと元夫、現夫と元夫も互いに連絡先を知っていて、会えば話もする。「何か不思議な関係ですね」という。小泉さんは再婚したことで、養育費の振り込みを一度断ったが、元夫はずっと子どもの口座に振り込んでくれている。そのお金は子どもの塾代などに充てて「ちゃんと使ったけんねー」と元夫に話をしているそうだ。小泉さんの現在の夫もまた、小泉さんの連れ子である息子との距離感に試行錯誤してきた。ときに厳しく行儀を直させるなどしたが、「大人の友達やと思ったらええんよ」と子どもに言って父親になりきろうとはしておらず、子どもからもあだ名で呼ばれている。

小泉さんに、インタビューの終わりにこれまでのターニングポイントを尋ねると、人生で外せなかったのは元夫との離婚であり、「ここで離婚しなかったら、ぞっとする」と語った。離婚は息子にも影響があり、当の息子からは、小泉さんの再婚により現在の夫と三人の暮らしがなければ、良し悪しではなく「いまの自分ではなかった」と小泉さんに言うのだそうだ。小泉さんは現在の生活に満足しているようだった。

岡村さんは実家との密な関係を築き、小泉さんは再婚後の夫を主たるサポートにしてゆるやかにつながる元夫の存在もあった。再婚したことで、岡村さんと小泉さんの家庭では継親子関係も模索されていて、連れ子に対して実の弟が居場所になったり（岡村さん）、現在の夫はあだ名で呼ぶが自分に影響を及ぼした重要な大人と認識している（小泉さん）などの様子がみられた。

おわりに

①インフォーマルなサポートの内実

離婚後に暮らしが落ち着いて、調査で家族経験を語れるという限られた人々ではあるが、どのようなサポート資源があり彼女たちがいかにそれらを駆使してきたか概観してきた。最後に、五人に通底してみられた、生まれ育った家族（定位家族）を主としたインフォーマルなサポートの内実をまとめてみたい。

インフォーマルなサポートのうち、困り事に応じてサポート元は違うのだろうか。住居に関しては、特に子ども連れでの別居や離婚で住まいを探すとき、まず身を寄せるのは実家だった（片岡さん、中尾さん、岡村さん）。小泉さんは父名義で家を建てていたため、そのまま住み続けることができた。金銭面では、離婚前に専業主婦だった片岡さんと中尾さんの場合、父が車を購入する（片岡さん）、母が主たる稼得役割を担当する（中尾さん）、といったサポートがあった。一方、小泉さんや岡村さんのように、離婚前から仕事があった場合は、その継続が経済的な支えだっただろう。

またきょうだいがいる場合、とりわけ姉妹の情緒的サポートや、子育てや将来の親の面倒についての話し合いなどの手段的サポートがしばしばみられる（古賀さんとすぐ下の妹、片岡さんと妹）。ただし、弟が離婚後の子どもの父親的な役割を果たす例（岡村さん）もある。なお片岡さんに顕著にみられたが、子育て期の子どものお迎えや生活用品の分与、職探しなどについて友人がサポート源になることがままあった。このネットワークは、学生時代の友人で構成された小規模なネットワークのようである。

②フォーマルなサポートの後景化

こうしてみると、離婚時の子どもの有無、再婚の有無にかかわらず、取り上げた女性たちにとっては親やきょうだい、友人といったインフォーマルなサポートが生活再建の重要な位置を占めていたことがあらためてわかる。言い換えれば、フォーマルなサポートがほとんど語られなかったともいえる。[6] 中尾さんのみ、離婚成立までの別居期間には受け取れなかった児童扶養手当の受給やひとり親家庭等医療費助成利用が可能になったことがうかがえ、「いまどっちかというと福祉のほうもいただけてる感じ」で、経済的に助かっている様子である。また、元夫から子どもの養育費を受け取っていたと明確に語ったのは子どものいる四人のうち一人（小泉さん）だけだった。職探しに際して、ハローワークの職業訓練を利用したと語ったのは、全五人のうち転職した古賀さんだけで、ほかは親や友人のつてがきっかけになっている。家族社会学者の大和礼子は、NFRJ03データを用いて、日本人が援助を必要とするときの援助内容について、誰を頼るか違いがあることを明らかにした。[7]「お金を借りる」場合、家族・親族を頼りにする人は専門機関を頼りにしないという相互の排他性があったが、「人手が必要」な場合、家族・親族による援助が期待できるからといって専門機関への援助期待がないわけではなく両立・相補的なものだという。この知見をふまえるならば、本章の女性たちのうちとりわけ子どもがいて離婚した中尾さん、片岡さん、岡村さんが親、きょうだい、おばなどによる人手を得て子育てを乗り切ってきたことは、専門機関などのサポートを不要としたわけではなく、そうした情報不足、情報を探す時間不足などの可能性もあったかもしれない。[8] インフォーマルなサポートを足がかりに生活を立て直せた女性たちの一部が、今回調査に応じてくれたともいえる。

③定位家族との関係の再構築

前述のような語り手たちの親子・きょうだい間のサポートは、離婚をきっかけとして活発になったケース（中尾さん）はあり一概にはいえないものの、離婚以前の関係性を土台にしておこなわれていることがうかがえた。親やきょうだいと同居や近居している場合には特に、親やおば、きょうだい、おい・めい、義きょうだいなどのメンバーと、家族関係を調整し構築しなおしている様子もしばしばみられる。[9] 離婚は自らがつくる生殖家族の解体ではあるが、生まれ育った定位家族の関係にも影響を及ぼす。

このようにみてくると、配偶者のサポートは実家にある程度代替されうるのではないかという疑問もわく。女性のほうが男性よりも配偶者を代替する関係を形成することが可能で、そのため配偶者依存度も大きくないとする指摘もある。[10] 紙幅においてもデータの質においてもこの問いに応えるのは難しいが、本章の女性たちが、定位家族、離婚後の生活をより肯定的に捉えるプロセスの一端は描けたのではないだろうか。

注

(1) R. Kelly Raley and Megan M. Sweeney, “Divorce, Repartnering, and Stepfamilies: A Decade in

Review," *Journal of Marriage and Family*, 82(1), 2020, pp. 81-99.

（2）神原文子「子づれシングル女性にみる離婚の意義——離婚前の生きづらさ分析をとおして」「現代社会研究」第五号、神戸学院大学現代社会学会、二〇一九年、四三—六四ページ

（3）Paul R. Amato, "The Consequences of Divorce for Adults and Children," *Journal of Marriage and Family*, 62(4), 2000, p. 1272.

（4）稲葉昭英は、家族社会学のなかで標準家族という概念が多用されている動向を整理したうえで、「初婚を継続させている一組以上の夫婦関係が含まれる家族」を標準型家族として定義している。稲葉昭英「NFRJ98/03/08 から見た日本の家族の現状と変化」、日本家族社会学会編「家族社会学研究」第二十三巻第一号、日本家族社会学会、二〇一一年、四三—五二ページ

（5）例えば、直井道子は「未婚女性〔離別者を含む：引用者注〕が最初は正規従業員で入っても、親類の自営業の手伝い・親の介護・無職期間などを経て、しだいにより所得の低い職への転職につながっていく人が多い点は四十年たっても大きく変化していないか、むしろ悪化している」という。直井道子「中高年女性が貧困に陥るプロセス」、小杉礼子／宮本みち子編著『下層化する女性たち——労働と家庭からの排除と貧困』所収、勁草書房、二〇一五年、九八—一一〇ページ

（6）調査者がフォーマルなサポートの認知度や利用状況を積極的に確認していないという限界もある。

（7）大和礼子「援助資源としての家族」、藤見純子／西野理子編『現代日本人の家族——ＮＦＲＪからみたその姿』（有斐閣ブックス）所収、有斐閣、二〇〇九年、二〇〇—二〇八ページ

（8）小泉さんは父名義の家に住んでいた以外に父母の手を借りたという語りはなかったが、母との関係が悪くはないがしこりがあり、近居でもないケースである。考察に足るデータが不足していた。

（9）本章では言及できなかったが、中年期を迎え、親の介護をめぐって自分とパートナーの付き合いの

あり方を考えたり（片岡さん）、いま住まう地域を離れたいが母の介護を気にする（中尾さん）、妹と母の介護を相談する（古賀さん）などの様子もあった。高齢期のきょうだい関係は第11章「介護・相続にみる中年期以降のきょうだい関係とアンビバレンス」（吉原千賀）を参照してほしい。

（10）大日義晴「配偶者サポートの独自性――NFRJ08データを用いた計量分析」、日本家族社会学会編「家族社会学研究」第二十四巻第二号、日本家族社会学会、二〇一二年、一八九―一九九ページ

第2部　子どもを育てる／家事をする

第5章　世代間比較の語りからみる親であるという経験

松木洋人

はじめに

　現代の日本社会では、子どもが生まれ育つ家族のあり方に強い関心が寄せられている。例えば、二〇〇〇年代の育児メディアでは親による子どもへの戦略的な教育投資が強調されていたことが指摘されており、[1]同じく〇〇年代の終盤からは「子どもの貧困」が注目され始める。また、近年でこの関心の高さをわかりやすく象徴するのが、「親ガチャ」という言葉の流行である。[2]「親ガチャ」とは、カプセルに入ったおもちゃを自動販売機で購入する際にどのおもちゃが手に入るのかが運しだいであるように、あるいは、スマホゲームに課金して入手できるアイテムがランダムに決定されるように、どの親の子どもとして生まれるかを自分では選ぶことができないことを表現する言葉である。志水宏吉が述べているように、この言葉の流行の背景には、多くの人々による「どの家に生まれるかで子どもの人生に大きな違いが出てくる」という実感があるだろう。[3]

そして、生まれ育った家庭環境とそれが子どもの人生にもたらす帰結に対して、このように強い関心が寄せられていることは、社会的選抜のプロセスのただなかにいる子どもと日常的に関わる母親や父親にとっては強力な規範的含意をもつと考えられる。つまり、子どもをもつ者が「よい親」であろうとするうえでは、その重要な一部として、子どもに適切な家庭環境を提供することや子どもに正しく関わることが自他から求められることになる。言い換えれば、子どもの人生への親の影響力が強いと考えられている現在の日本社会では、[4]子どもをもつ親にとって、自分が親として子どもに適切な家庭環境を提供できているのか、自分の子どもとの関わり方は正しいのかということがしばしば重要な関心事になる。

本章では、現代の日本社会で乳幼児や学齢期の子どもをもつ親たちがこのような状況のなかに身を置いていることをふまえたうえで、彼女ら／彼らにとっての親であるという経験の一端を描き出すことを試みる。その際に本章で注目するのは、彼女ら／彼らが親としての自分や子どもへの関わりを理解するうえで、自分の子ども期に母親や父親がどのような親であったのかを参照する場合があるということである。例えば、子どもを育てながら働く女性たちへのインタビュー調査に基づく額賀美紗子と藤田結子の著書には、専業主婦だった母親は「全部手づくり」の食事をテーブルに並べていたので、「自分もそうしなきゃいけないっていうのがある」にもかかわらず、その時間がなく料理も得意ではないために、総菜や外食に頼っていることに対して「やっぱ罪悪感はすごくある」と告白するシングルマザーの語りが収められている。[5] 彼女がその〝罪〟を自身に帰属することを支えているのは、彼女の母親が子どもに作っていた食事と自分が子どもに提供している食事との比較である。自らの子ども期に母親が作っていた食事を正しい子育ての基準とすることによって、自分が総菜や外食に頼っていることがあるべき子どもとの関わり方とは異なるものとして理解されている。つまり、彼女が生まれ育った家族のあり方は、彼女が自分の親としての逸脱を理解するうえでの条件になっているのである。

このように、子どもにとって「よい親」であろうとする人々にとって、自分が生まれ育った家族と自分が配偶者や子どもと形成している家族がどのように同じであったり同じでなかったりするのかという比較に基づく世代間の連続と断絶は、ときとして大きな意味をもつと考えられる。実際、次節以降で例示するように、本書が基づくNFRJ18質的調査のインタビュー調査でも、生まれ育った家族での経験と自分たちの子育てとの比較が対象者によっておこなわれることがある。[6]

二〇一〇年代以降の日本の家族社会学では、前述のような社会的関心の高さと足並みをそろえるかのように、子ども期の家族のあり方が子どもの人生に引き継がれることに注目する研究が活発になっている。しかし、ひとり親世帯で生まれ育つことが子どもの教育達成にもたらす効果や、[7] 子育てのあり方と社会階層の関連などが検討されている[8]一方で、そもそも親たち自身が生まれ育った家族と自分が配偶者や子どもと形成している家族の連続や断絶をどのように捉えているのか、そして、その連続や断絶をふまえて自らの子どもとの関わり方をどのように方向づけているかには焦点が当てられてこなかった。そこで本章では、乳幼児や学齢期の子どもをもつ親が自分の親と親としての自分を比較する語りを題材として、その語りにおいてどのような比較がおこなわれているかを検討する。この検討を通じて、現代の日本社会での親であるという経験の一端を描き出してみたい。

1 子どもの意思の尊重と親による教育的な関わり

自分の親による子どもとの関わり方と親としての自分との連続や断絶について対象者が言及する際に一つのポイントになるのは、子どもの意思をどのように扱うかということである。

例えば、愛知県で妻と五歳の長女、三歳の次女とともに暮らす長尾さん（男性・三十代前半・小売店勤務・専門学校卒）は、親から「勉強とかもそんな強制されたこと」がなく、「好きなことやって」育ってきたので、「べつに子どもに対して何も強制するつもり」もなく、元気であればいいかなと思っているという。だからこそ、ピアノと体操を習っている長女についても、それはあくまで子どもが「楽しくやってるからまあ行かせてる」のであって、「自分がやめたいっていうならやめればいい」と考えている。同様に、兵庫県で妻と十一歳の息子と暮らす三好さん（男性・四十代後半・技術職・大卒）も、自分も妻も「やっぱり親があんまり言わないというか、自分のやりたいことをずっとやって」きたので、中学受験をさせるよりは、勉強は「もうやりたきゃやる、人並みに」という程度で、小学校までは「やっぱり外で遊んだりとかしてくれたほうがいいよね」と夫婦で話しているという。このように、長尾さんも三好さんも子ども期に親が自分の意思を尊重してくれたことをふまえながら、子どもに勉強や習い事を強制せずに子どもの意思に任せるという方針を継承しようとしている。

他方で、子ども期に自分の意思が尊重されなかったことが、親になったときに意味をもつ場合もある。千葉県で夫と十一歳の息子、八歳の娘と暮らす前川さん（女性・四十代前半・事務職・大卒）の母親は、前川さんが小学生のころから「結構口うるさい母」で、「わりと指示的」に子どもによく命令していた。母親は「いい学校にいければ幸せに生きられるみたいな考えだった」らしく、とにかく「いい学校にいきなさい、勉強しなさいみたいな感じ」だったという。前川さんはあまり勉強が好きではなかったので、「そういう言葉を負担に思ってた」し、中学生のときに力を入れていたテニス部での活動についても、「そんな部活なんかほどほどにしなさいって感じ」で、「応援された覚えがない」と振り返っている。子どもたちの将来について問われた前川さんは、自分が母親から「いろいろ言われていやだったので、そんなに強くは言わないようにしてる」と母親の自分に対する関わり方を基準にしながら、「親に言われたことじゃなくて、自分で考えて進んでいってほしいなと思ってますね」と子どもの意思を尊重する姿勢を示す。ここではむしろ、自分の意思が尊重されないという子どもとしての経験を親としての自分が子どもに繰り返させないことが重要になっている。

とはいえ、子どもの意思を尊重しようとすることが、子どもの教育に無関心であるということを意味するわけではない。前川さんの息子はいまのところは勉強があまり好きではなさそうだが、虫や動物に関心があるので、「ちょっと自然の多そうな方面の大学とかに進んでもらって、それこそ研究とかじゃないですけど、そういう、やっぱり結局、好きなものをできれば仕事にできたらきっと幸せなんじゃないかな」と考えて、「北海道大学いいよ」と勧めている。さらに、息子は私立の中・高一貫校にいったほうが「伸び伸びできるのかな」と思って、近くにある中学校を「その気になれば受験したら？」と提案することもある。ただし、「やる気がない子に尻たたくことほど無意味なことはないと思ってるので、そこは息子がやる気になったらやってほしい」というように、あくまで息子が受験に前向きになることが前提である。また、娘は大学の附属小学校に通っていて、同級生の半分くらいが中学受験のために塾に通って、夜遅くまで勉強しているという。しかし、娘はそんな同級生たちの様子をみて受験は「しない」と言っているので、「公文式ぐらい」にして塾には通わせていない。要するに、前川さんは自身の子ども期の経験をふまえて、母親のように子どもに指示することは控えながら、彼女が望ましいと思う選択肢の提示を通じて息子にはたらきかけたり、娘の意思を確認したりしている。

このような方針をより明示的に語っているのが、大阪府で妻と二歳の長男、○歳の次男と暮らす金井さん（男性・三十代前半・システムエンジニア・大卒）である。金井さんは子どものころから母親に「勉強しなさい」と強く言われたり、「いい大学に入って、いい会社に入る」といった「ありがちなこと」を言われたりしていた。滋賀県にある自宅から離れた京都府の高校に進学したあと、通学時間が長くなった結果として睡眠時間が短くなったり、都市部の進学校の授業についていくのに苦労したりしたために「鬱状態」になったことがあるが、その時期には、「お勉強しなさいってプレッシャー与えられること」に対して、「なんで俺はこんなに生きづらいんだ」と「反抗的になった」こともあったという。
金井さんは二歳の長男には将来どのように育ってほしいかと問われて、「まだ全然そんなことは思わない」と答えたうえで、自分が母親から「大学に入って、いい会社に入るみたいなことを言われたことに対してプレッシャーを感じた」ので、自分は子どもには「何か押し付けるようなことはしたくないな」と思っているとその理由を補足したあとに、「私自身の思いですけど」と断りながら、次のように述べている。

〔長男が将来に〕何かを選ぶときに、選択肢に入らないような状況は避けてあげたいので、まあ本人が望むんなら何かやらしてあげたいし、学習の機会とかもあげたいなと思いますね。直近でも、その、アドラー心理学の本とか読んで、『嫌われる勇気』って本とか読んだりしたんですけど、馬に水飲ませることはできないけど、水場に連れていくことはできるみたいな話があるんで、うん、そういう機会を与えることはやっぱりしてあげたいけど、それを強制するようなことはしたくないなって、私自身は思って。

ここで金井さんは自分の経験もふまえながら、子どもの意思に反して何かをさせることを回避するという子どもへの関わり方の方針を説明している。しかし、その方針はただ子どもの意思に任せるというにはとどまらず、また、子どもが自分の意思で何かを望んだときにその望みがかなわないということを避けようとするにもとどまらない。金井さんが何かが子どもの「選択肢に入らないような状況」を避けたいというときには、子どもの意思を尊重すること自体は前提としながら、その意思による選択の範囲が狭くなることを避けようとする指向が含まれている。さらに、馬が水を飲まなくても水を飲む機会は与えたいと比喩的に語っているときには、意思による選択の範囲が広がりうる機会を提供することによってそれを自然と広げようという指向を示しているのである。

このような指向は、「もう少し踏み込んで言うと」と前掲の語りに続けてさらに敷衍される。金井さんはシステムエンジニアという職業上、「論理的に考えること」や「ビジネススキル」についてよく学ぶので、子どもにも「ロジカルに考えることはちょっとやらしたいなと思って」いるという。とはいえ、これも子どもの意思に反することをさせようとしているわけではない。金井さんが続けて述べるのは、子どもが「いやって言ったときに、なんでいやなのか」を「言語化して引き出してやりたい」と願っていて、「PDCA回せる子にしたいな」[9]「常に、なぜって問うようにしよう」と心がけているということである。つまりは、金井さんは子どもが自分の意思をその理由を伴うかたちで、そして、絶えざる自己点検を経たうえで言語的に表現できるようになること、すなわち、他者に対して説得的に表現できるようになることを望んでいるのであり、「ロジカルに考えること」は子どもが他者に自分の意思をよりうまく伝えるための手段である。つまり、金井さんが試みようとしているのは、尊重されるべき自分の意思を子どもが他者に適切に表現できるようになるために子どもにはたらきかけることなのである。

以上のように、四人の親たちはそれぞれ自分の子ども期の経験に基づいて、子どもの意思を尊重して勉強や習い事などの強制を控える方針を示している。しかし、この方針は子どもに教育的に関わらないことを意味するわけではなく、特に前川さんや金井さんは子どもの意思による選択の範囲が広がったり意思が明確になったりするようにはたらきかけようとしている。額賀と藤田は子どもを育てながら働く女性たちの子育てのタイプを「親が導く子育て」と「子どもに任せる子育て」の二つに分類する一方で、「親が導く」ことも「子どもに任せる」こともどちらも大事だという葛藤が女性たちから語られたことにも言及している。[10] 前川さんや金井さんの語りからも、子どもの意思に沿うことを前提としながらその可能性を広げようとするという意味で、いわば二つのスタイルを組み合わせるような子どもへの関わりがみえてくる。彼女ら／彼らの子育てでは、子どもを導くことと子どもの意思に任せることが、いわば前者が後者を包摂するかたちで同居しているのである。「新たな子ども中心主義[11]」とも呼ばれるように、子どもを社会のアクターとして個人化する思潮がある現代の日本社会で、前川さんや金井さんの母親のように、子どもの意思を抑制して親が教育的なはたらきかけをすることは親として望ましい振る舞いではなくなっている。とはいえ、それは親が子どもを放任するようになったということでは必ずしもない。ヴィンセント・キャロルとスティーブン・J・ボールは五歳未満の子どもを学校カリキュラム外の活動に通わせているイギリスの中流階級の親について、子どもにその才能やスキルを伸ばすための選択肢を与えようとする一方で、子どもに無理をさせることは好まず、子どもの活動についての希望や子どもが活動を楽しんでいるかを重要視すると指摘している。[12] 前川さんや金井さんもこれらの親と同様に、子どもの意思を尊重しながら、子どもの意思を見定めたり、その意思のあり方や表現のされ方自体にはたらきかけたりすることを試みているのである。それは個人としての子どもの意思の尊重が規範的に期待されるなかで、勉強や習い事を強制することや放任することよりも繊細な子どもへの関わり方が、子どものよりよい成長を願う親たちによって採用されていることを示している。(13)

2 教育費の支出と「ノーマルな子ども期」を提供する責任

とはいえ、子どもの可能性を広げようとするうえでは、しばしば家計からの支出が必要になる。そのため、自分の親と親としての自分を比較する語りでは、子どもの教育にかかる費用が比較の対象になることがある。

例えば、兵庫県で妻と十三歳の長女、十歳の長男、八歳の次男、五十代の弟と暮らしている古谷さん（男性・五十代前半・新聞販売店勤務・高卒）は人生の転機の一つとして、経済的な事情のために中学受験ができなかったことをあげている。「やっぱりそこで完全に切れてしまったっていうか」と希望していた進路が断ち切られた小学生のころを振り返る古谷さんには、自分の子どもには「そんな思いはさせたくはないな」という願いがあり、「行きたけりゃ、ちょっと無理してでも行きたい学校に行ってもらったら」と考えているという。また、埼玉県で夫と短大生の長女、中学三年生の次女と暮らす浅井さん（女性・四十代後半・自動車販売店勤務・高卒）は、父親が設計士からタクシー運転手に転職したことによって収入が「激減」したために、浅井さんを「大学にまで行かせられない」ということになった。その結果、浅井さんは進学率が高い高校に通っていて、「父みたいな設計士になりたい」という希望もあったにもかかわらず、高校卒業時に現在の勤務先に就職する。「いまも働ける会社」に就職できてよかったという浅井さんは、いまでは就職したことに「全然後悔はない」と述べているが、自分の娘たちの進学について語る際には、自分が経済的な事情で進学できなかったからこそ、子どもには「お金の面で大学駄目だとか言いたくなかった」という「プライド」や「反逆心」があり、長女の短大進学の費用はあらかじめためていて、次女の大学進学費用についても学資保険をかけて準備しているという。古谷さんも浅井さんも、進学したかったのに親にその費用がなかったためにできなかったという自らの経験を子どもには繰り返させまいとしているのである。

他方で、古谷さんは「ちょっと無理してでも」とその負担感を示唆してもいた。また、浅井さんは長女から短大にいきたいという希望を聞いたときには、「はい。三百万超えね」と思いながら、長女と次女は五歳離れているので、「このあと、またためなおせば、何とかなるだろう」と考えたという。つまり、次女の高等教育への進学を見越して学資保険をかけてはいるものの、「それ以上にかかりますから」と浅井さんが述べてもいるように、進学に必要な費用をまかなうにはそれだけでは不十分である。自分の子どもとしての経験を子どもには繰り返させないようにするための費用の確保は必ずしも容易ではない。

古谷さんや浅井さんとはある意味で対照的な仕方で子どもの教育にかかる費用について自分の親と親としての自分を比較しているのが、谷さん（女性・四十代前半・専業主婦・大卒）である。谷さんは生まれ育った香川県で二歳の息子、そして、勤務先がある岡山県から週末に帰宅してくる夫と一緒に生活している。最初に職を得た外郭団体に勤め続けた父親と「基本的に主婦」だったという母親の間に生まれた谷さんは、三つ年上の姉と一緒に始めた水泳、硬筆、ピアノを三歳から十四歳まで続けていて、ほかにも茶道を習っていた時期もある。その後、谷さんは私立大学に進学するのと同時に親元を離れて、大学がある大阪府で暮らし始める。大学卒業後は大阪府にある会社で三年ほど働いていたが、退職して海外に一年間の語学留学をしたあと、父親が病気になったために香川県に戻って働き始める。それ以降、三十二歳のときに結婚退職をするなど何度か仕事を変えているが、インタビューがおこなわれた数カ月前に体調を崩していて、クラウドソーシングで受託していた在宅でのライティングの仕事を現在は中断している。

谷さんは子どもと過ごす時間を大切に思う一方で、「やっぱり外に出て働きたい」という希望もあり、働かずにいる期間が長くなると、年齢や経歴のブランクがネックになって仕事が見つからなくなることへの不安があると述べている。この不安の表出を受けて、調査者が母親のように「専業主婦で生きるという道もなくはない」のに外で働きたいと考える理由を尋ねると、谷さんは以下のように、調査者とはやや異なる観点から親と自分の比較を始める。

まず、自分の親は子どもが「やりたいことをさせて」くれたし、四年制の私立大学に「二人も女の子をいかせてくれるような経済力はあったのかなって思う」と振り返ったうえで、「自分の家庭の経済力っていうのが、何年維持できるか」と親とは対照的な今後の自分たちの家計の見通しの不透明さに言及する。さらに、「いい時代ももう終わってる、いい金利もない」と子育て期間中の日本経済の状況などについても親と自分を比較したうえで、「なんかそうなると、やっぱり地道に働いていくっていうことが、いかに大事なのかなっていうことを痛感しますよね」と調査者の問いに答えている。このように親と自分を比較して、いわばその落差を示すことによって、谷さんは自分が働こうとする理由を説明する。つまり、谷さんにとって親が自分に与えてくれたのと同等の教育機会を息子に提供することが重要であり、それを可能にするための経済的な条件が親と自分ではずいぶん異なるなかで、谷さんは母親とは違って自身も働くことによってその落差を埋めようとしているのである。

続けて谷さんは「なんかほんとはね、生まれてすぐは二人目ほしいって思ってたんです」と第二子をもつという希望について話し始めるが、この第二子をもつことについての語りにもこれまでの比較は引き継がれている。谷さんは息子を出産するまで多くの費用が体外受精にかかったことや家を建てたことなどをあげたうえで、「もうよくここまで二人だけのお金でやってこれたなっていうぐらい」であって、これまで家計に決して余裕があったわけではないことに再び言及したあと、以下のように述べている。

もうこれで、二人産んで、またこの二人を、その、両親がやってくれたみたいに、大学四年制にいかせられるパワーが、私たちにはあるのかっていうことを、なんか常に問いかけてて。でも子どもは、二人はいいよ、そんな学費なんてどうにでもなるよっていう友達とかもいるんですけど、やっぱり私は、そこが、同じように育てたいってなると、二人目を産む決断がいまもできてないんですよね。その間に年を取ってくるから、最近はもう、一人を、二人のほうが絶対いいのに、やっぱり一人かなって思うようになってますね。うん。

もう一人子どもをもちたいという希望は明確であるにもかかわらず、谷さんにとって、その希望をかなえることは、親が自分に与えてくれたのと同等の教育機会を息子と想像上の第二子に提供することと強く結び付いている。だからこそ、新たに子どもをもつかどうかはその機会の提供が可能なのかという観点から検討されることになる。そして、それを可能にする家計の見通しがつかない以上、もう一人子どもをもつという自身の希望をかなえる選択は控えられることになるのである。(14)

注目したいのは、谷さんが友人の言葉を引き合いに出すことで、新たに子どもをもつこととその教育に伴う支出を必ずしも結び付けないという別様の考え方の存在に言及しながらも、自分は子どもを谷さん自身と「同じように育てたい」と友人の考え方を採用できないという立場をとっていることである。つまり、谷さんにとって、子どもに十分な教育機会を保障してくれた両親の親としてのあり方は、自分がもつ子どもの数と子どもの教育に伴う支出とを結び付ける理由になっている。

経済的な苦境に陥ったことがあるアメリカの白人の母親と娘へのインタビュー調査に基づくアナリース・グラントの研究によると、母親たちは家計が厳しいなかでも子どもたちが「ノーマルな子ども期」を経験することを自らの責任と捉えて、例えば、祝日のための夕食の調理法を工夫するなどして、子どもたちの経験を「ノーマル」に近づけようとするが、経済的な事情でそれが達成できない場合には罪悪感を表明するという。(15) グラントによる調査の対象者と谷さんが置かれている状況は異なるものの、両親が提供してくれた子ども期は谷さんにとっての「ノーマル」になっていて、だからこそ、その「ノーマル」を自分の子どもにも提供することが大きな意味をもっている。しかし、子どもが望む将来を実現するための費用についての不安が日本の母親には広くみられる(16)と指摘されるとおり、谷さんもまた家計の見通しが必ずしも明るくはないなかで、第二子をもつという希望をかなえることよりも、「ノーマルな子ども期」を自分の子どもに経験させることのほうが優先されているのである。そのうえで、息子を私立の四年制大学に通わせる準備をしたり「私が生まれ育った環境」と同様に「旅行にいったり」などの「基本的なこと」を続けたりするためにはお金が必要だとも述べる谷さんは、親世代よりも限られた自分たちの経済的資源を息子一人に集中的に投下しようとしているといえるだろう。

古谷さんと浅井さんが直面している子どもの教育費を確保することの難しさは、子どもの進学についての希望をかなえることができなかった古谷さんと浅井さんの親にも世代を超えて共有されている。とはいえ、子どもへの教育責任がもっぱら親に課され続ける一方で、経済停滞が長期化する現代の日本社会では、進学についての希望がかなえられなかったという自らの経験を子どもに繰り返させないことが容易ではないというだけではなく、自身が子どもとして享受したのと同等の教育機会を自分は子どもに提供できるのかという問いがその見通しのつかなさとともに浮上している。

おわりに

本章では、乳幼児や学齢期の子どもをもつ親たちが自分の親と親としての自分を比較する語りに注目することで、現代の日本社会で親であるという経験の一端を描き出すことを試みてきた。本章でその語りを検討した七人の対象者は、それぞれが子どもに適切な環境を提供する「よい親」であろうとしている。自分の子ども期の経験を娘や息子に引き継ごうとする親もいれば、自分のような経験を子どもには繰り返させまいとする親もいた。しかし、そのいずれの場合でも、親たちが子どもの意思を尊重しようとしていることや子どものために教育費を捻出しようとしていることには変わりがない。

そして、これらの比較の語りから浮かび上がってきたのは、子どもの意思の尊重が親世代以上に求められると同時に、子どもに教育的に関わることによってその才能やスキルを伸ばすことは期待されつづけるなかで、少なくとも一部の親にとって、「よい親」であることは子どもに対するかなり繊細なアプローチを伴う高度なものになっているということである。さらには、子どもの意思を尊重することやその才能やスキルを伸ばすことが期待される一方で、日本経済の停滞が長期化するなかで、親世代から提供されたのと同等の教育機会を自分の子どもに提供できるかどうかが不透明になっている場合もある。

親が子どもの教育に責任をもつ「教育する家族」と呼ばれる家族のあり方は、高度経済成長期以降に日本社会の全体に広がったとされる。[17]高度経済成長の終焉からほぼ半世紀後の二〇一九年に乳幼児や学齢期の子どもをもつ七人の親による語りを通して本章で描かれたのは、この「教育する家族」における教育の水準が高度化する一方で、「教育する家族」を実現するための経済的基盤は危ういという日本の家族のすがただった。もちろん、異なるトピックについての比較に注目したり、社会階層が異なる親の語りを検討したりすれば、描かれるすがたも変わってくるだろうが、これらについては別稿を期すほかない。

注

(1) 天童睦子編『育児言説の社会学――家族・ジェンダー・再生産』世界思想社、二〇一六年

(2)「親ガチャ」は「2021ユーキャン新語・流行語大賞」でトップテンに選出されていて、同年の「大辞泉が選ぶ新語大賞」でも大賞を獲得している。

(3) 志水宏吉『ペアレントクラシー――「親格差時代」の衝撃』(朝日新書)、朝日新聞出版、二〇二二年、二四ページ

(4) イギリスの社会学者であるフィリップ・ブラウンは、個人の能力や努力によって社会的地位が決定されるメリトクラシーに対して、親の財産や望みが子どもの教育達成に大きな影響を及ぼす社会のことをペアレントクラシーと呼んでいる。前述の志水を含めて現代の日本社会をペアレントクラシーの時代と特徴づける論者は少なくない。Phillip Brown, "The 'Third Wave': Education and the Ideology

of Parentocracy," *British Journal of Sociology of Education*, 11(1), 1990, pp. 65-85、前掲『ペアレントクラシー』

（５）額賀美紗子／藤田結子『働く母親と階層化――仕事・家庭教育・食事をめぐるジレンマ』勁草書房、二〇二二年、一七七ページ

（６）子育てを主題としてインタビューをおこなった班は、「自分の子育てと生まれ育った家族での経験の比較」を質問することのリストにあげていた。しかし、比較を求める質問がなされなくても対象者が比較を開始したり、ほかの班のインタビュアーが対象者に比較を求めたりする場合もある。このことは対象者やインタビュアーにとって、両者の比較が自分や他者の家族を理解するうえでよく使われる方法の一つであることを示しているだろう。

（７）余田翔平「子ども期の家族構造と教育達成格差――二人親世帯／母子世帯／父子世帯の比較」、日本家族社会学会編「家族社会学研究」第二十四巻第一号、日本家族社会学会、二〇一二年、六〇―七一ページ、稲葉昭英「離婚と子ども」、稲葉昭英／保田時男／田渕六郎／田中重人編『日本の家族1999-2009――全国家族調査［ＮＦＲＪ］による計量社会学』所収、東京大学出版会、二〇一六年、一二九―一四四ページ

（８）西村純子「親子のかかわりの学歴階層間の差異――労働時間・家事頻度との関連に着目して」、日本社会学会編「社会学評論」第七十二巻第四号、日本社会学会、二〇二二年、五二二―五三九ページ、前掲『働く母親と階層化』

（９）ＰＤＣＡとはPlan（計画）・Do（実行）・Check（評価）・Action（改善）のサイクルを繰り返すことで継続的に業務を改善しようとする手法のことを指す。

（10）前掲『働く母親と階層化』八一ページ

（11）元森絵里子「家族の多様化と子どもという主題――子どもの社会学的考察をいかに組み込むか」、日本家族社会学会編「家族社会学研究」第三十三巻第一号、日本家族社会学会、二〇二一年、三一ページ

（12）Carol Vincent and Stephen J. Ball, "'Making Up' the Middle-Class Child: Families, Activities and Class Dispositions," *Sociology*, 41(6), 2007, pp. 1061-1077. アネット・ラリューも、アメリカの労働者階級や貧困家庭の親がしばしば子どもに指示をするのに対して、中流階級の親は子どもの意見を求め、子どもと話し合いながら物事を決めていくという対比をおこなっている。Annette Lareau, "Invisible Inequality: Social Class and Childrearing in Black Families and White Families," *American Sociological Review*, 67(5), 2002, pp. 747-776.

（13）喜多加実代も、親が自分の子どもへの期待と子どもの「やりたいこと」とをどのように調整しているかを描いている。喜多加実代「子どもの「主体的進路選択」と親のかかわり」、石川由香里／杉原名穂子／喜多加実代／中西祐子『格差社会を生きる家族――教育意識と地域・ジェンダー』所収、有信堂高文社、二〇一一年、一四七―一六八ページ

（14）山田昌弘は一九九〇年代以降の日本では自分の子ども時代以上の経済環境で子どもを育てる見通しがつきにくくなっていて、子どもに十分な経済環境や教育を提供できないことが子ども数を絞る理由になっていると主張している。谷さんにとっても、自分の子ども時代と同等の教育機会を提供することの難しさが第二子をもつという希望を実現するうえでの障壁になっている。山田昌弘「「子どもにつらい思いをさせたくない」――少子化問題の日本的特徴について」「医療と社会」第二十七巻第一号、医療科学研究所、二〇一七年

（15）Annaliese Grant, ""Normal" Childhood in the Lives of Financially Struggling White Daughters and

Mothers," *Journal of Marriage and Family*, 85(1), 2023, pp. 116-133.

(16) 本田由紀『「家庭教育」の隘路——子育てに強迫される母親たち』勁草書房、二〇〇八年、一五四ページ

(17) 広田照幸『日本人のしつけは衰退したか——「教育する家族」のゆくえ』（講談社現代新書）、講談社、一九九九年

第6章　夫の家事・子育てをめぐる妻のジレンマ

鈴木富美子

はじめに

日本では、「雇用者の夫と専業主婦」という性別役割分業型の家族が高度経済成長期に一般化したが、一九八〇年をピークに減少し、九〇年代の後半には共働き世帯数が多数派になった。[1] 近年は乳幼児を育てながら働き続ける女性が増えている。第一子出産前後の女性の就業状況の変化をみると、出産退職は二四％にとどまり、継続就業の割合が過半数を占める。また、未婚女性の理想のライフコースでは「両立コース」が三〇％を超え、八七年の調査開始以来、初めて最多になり、結婚・出産後も継続就業を望む女性が主流になりつつある。[2]

ただし、仕事と家庭の両立という観点からみると、日本は諸外国と比べてかなり厳しい状況にある。OECD（経済協力開発機構）の生活時間の国際比較データ（十五歳から六十四歳の男女）をみると、日本男性の有償労働時間は最も長く（四百五十二分）、無償労働時間は最も短い（四十一分）。日本女性の有償労働時間（二百七十二分）がOECDの平均（二百十八分）を大幅に上回っていることから、日本の特徴として、①男性の有償労働が長く、女性への無償労働の偏りが極端であること、②男女とも総労働時間（有償労働時間＋無償労働時間）が長く、時間的にはすでに限界まで「労働」していること、などがあげられる。[3] 実際、六歳未満の子どもをもつ世帯で、夫と妻が家事や育児に費やす時間を二〇〇一年と二一年で比較すると、家事は夫七分→三十分、妻二百三十三分→百七十八分、育児は夫二十五分→六十五分、妻百八十三分→二百三十四分となり、夫は家事・育児ともに増加したが、妻のほうがはるかに家事や育児に時間を費やしている。[4]

多くの女性たちが雇用者として働くようになったにもかかわらず、職場や家庭の変化が遅々として進まないことから生じる緊張状況をアーリー・ホックシールドは「立ち往生した革命」[5]と呼ぶ。そして、そうした時代には、大勢の女性たちが「自分が大切にしてきた理想とそれとはあいいれない現実との間の衝突から必然的に生じるあらゆる感情を処理する必要に迫られる」[6]と指摘する。いまなお日本の女性たちが「立ち往生した革命」のまっただなかにあるとすれば、「理想」と「それとはあいいれない現実」との間の衝突をどのように捉え、それと向き合っているのだろうか。

本章では、子どもを育てながら働く女性のなかでも、特に夫が長時間労働のために平日の帰宅が遅く、家事や子育てに関わることが難しい六人の女性たちに焦点を当てる。夫は家事や子育てにどのような姿勢でどのように関わっているのか、妻はそれをどのように感じているのか、そして妻たちが望む両立のあり方と現実との間に生じるジレンマや葛藤に対し、彼女たちがどのように理解しながら夫婦関係を続けているのかを描き出す。これによって、「仕事と家庭の両立」をめぐって夫婦間に生じる緊張状態を緩和する手立てを探っていく。

1　現状を受け入れて、何とかやっているケース

望む状況と現実との矛盾を別の要素で埋める

①子育て真っ最中のケース

まずは子育て真っ最中の二つの事例から確認していこう。根本さん（三十代前半・正規・保育士・専門学校卒）は千葉県で夫と〇歳の娘と暮らしている。現在育児休業を取得中で、半年後に復帰予定である。夫はアミューズメント施設で働いていて、朝は八時ごろに家を出る。帰宅は二十一時か二十二時で、終電に近いこともあり、保育園には「絶対お迎えにいけない」。実家の両親も共働きのため、復帰後は「私が絶対にお迎えにいくだろう」と予想し、ファミリーサポートや病児保育、行政のサポートなどを利用しながら、一人でやりくりできるようプランを立てているところである。

また、結婚当初から夫の帰りが遅かったため、家事も基本的に根本さんがすることが多かったが、そこには根本さんが求める家事のレベルと夫の家事レベルの違いもあった。

旦那は一人暮らしをずっとしていたんですけど、何か私のこだわりじゃないですけど、もっときれいにやりたいとか、何か、お皿を洗ってくれるけど、洗い残しがあるとか。何かそのレベルが違ったんですよね。私が求めているものと、旦那。だから、何かイライラしちゃうから自分でやっちゃうとか。

夫は、帰宅したときにお皿が「残ってたら」洗い、入浴後は「自ら」お風呂掃除をするが、特に分担は決めていない。子どもは根本さんと一緒に過ごし、夫に会うのは「朝ちょっと」なので、夫から抱っこされることもいやがり、眠いときには「絶対」根本さんの出番になる。夫もおむつ替えをするが、「〔子どもが〕すごい怒って、いやがったら、まあバトンタッチ」になるため、「もう頑張ってよ」と思うときもある。ミルクやおむつ替えも一通り教えたが、「何回も、ミルクどうやって作るの？」と聞かれ、子どもを任せて出かけるのは「まだまだ」と感じている。

根本さんはほぼ一人で子育てをして、一時期はイライラして夫に強く言うこともあったが、いまは生活リズムや気持ちも落ち着いてきた。その理由として、「最近、その旅行にいきたいとかいう希望もかなえてくれた」ことをあげる。先にイライラの要因の一つとしていた家事水準の違いもプラスにはたらくことがある。「何か、ごめん、今日掃除できなかったとか、ごはん作れなかったって言っても、ああ、いいよ、みたいな」感じで「全然こだわりがな」く、「基準が何でも低い」。また出産直前に急遽、子どものことで入院になり、不安を感じていた際に、夫はお見舞いにきてくれて「心強かった」という。「〔怒りの〕沸点が低」く、根本さんが怒ったりイライラしていても、違う視点から意見を言ってくれたり、よく話を聞いてくれる夫に、愛情を感じ、結婚してよかったと感じている。

東京都在住の田島さん（四十代前半・派遣・収納アドバイザー・専門学校卒）も子育て真っ最中である。夫と四歳の娘（ダウン症）と一緒に暮らす。夫の職場は千葉県にあり、通勤に片道二時間かかるため、朝六時半に家を出る。田島さんも夫と五時半に起床する。子どもは二歳のときにようやく自宅から自転車で三十分かかる区立の保育園に入園した。三歳になるときに近くの幼稚園への転園を希望するが入園できず、自転車で十分ほどの保育園に移る。幼稚園への転園を検討するかたわら、療育施設へも週二日通い、「くたくただった」。

この間の子育ては「もう全部私」だった。保育園入所までは田島さんの仕事が不定期だったため、「大変だけど余裕はあった」。現在は仕事も増え、子どもの通院も定期的にあり、夫には「なんかもっとやって」と感じているが、夫の会社は半日休や時間休の制度を取得しにくい。「大変かもしんないけど」と夫へ配慮しながらも、「私だって朝五時半から起きて、寝るまでずっと何かしらやっている」と不満を述べるが、諦めの気持ちもある。

〔夫に〕言いましたよ、ちょっと何か。「なんかさあ」とかって。「疲れて帰ってきてさ」って。「洗い物もしてないし、洗濯も何もしてないし」って。「俺だって疲れて……」なんか、どうのこうの言ってたけど。（略）でもたぶんやってくんないと思う、言っても。

夫の母親が専業主婦だったためか、妻には「働いてほしい」が「フルで働くのはやめてほしい」という夫の本音を、「わがままなんですよ」「家のことはお母さんがやるみたいな、たぶん頭がある」「ザ・昭和な感じ」と評する。実際、夫がおこなう家事はゴミ捨てだけで、それも田島さんがまとめておかないと「やってくれない」という。

家事や子育ての負担が圧倒的に自分に偏っていることを田島さんはどのように受け止めているのだろうか。人生の転機を尋ねた際に、田島さんが最初にあげたのが「娘がダウン症」だということだった。

生まれて顔を見て、あ、ダウン症だなって思った、そう。うちの母親は「ええ?」とかって言ったけど、「いや、あの顔はダウン症だよ」って。で、旦那も「ダウンだな」って言ってたから。だけど、なんかその後、なんか「かわいい娘を産んでくれてありがとう」ってね。うん、救われた。

ダウン症の子どもは「ゆっくり成長する」と捉えて、あまり家にいられない夫は、「老夫婦にはもってこいだね」「これが健常だったら、〔子どもの成長が〕あっという間でわかんなかったぜ」と話し、ダウン症の親の会やパパ会にも積極的に参加し、仲がいいパパたちと旅行にいくこともある。ダウン症の娘に対する夫の向き合い方が、田島さんの不満を軽減しているようだ。

②子育て期を乗り切ってきたケース

埼玉県で夫と二人の娘（二十一歳と十八歳）と暮らす浅井さん（四十代前半・正規・事務職・高卒）は高校卒業後に自動車の販売会社に就職、同じ会社のメカニック部門で働く夫と職場結婚し、近居の浅井さんの両親のサポートを受けて二十五年間正社員として働いてきた。子どもが小学生のころは十八時まで仕事をし、「ダッシュで帰って」学童にお迎えにいった。夫の職場のほうが遠く、定時で上がれる男性は本社の人だけだったので、夫が子どもの送迎をするのは「絶対に無理」だった。基本的に夫の帰宅が遅く、それまでに大方終わってしまうので、「やってよ」というのはなかった。夫は日曜日も休みではないし、「時間的に、もう無理でしょ」と諦めていたという。だから、最後にお風呂に入る夫が洗濯機を回し、朝干してくれるだけでも「だいぶ楽かな」と感じ、夫の家事への関わりに納得している様子を以下のように述べる。

旦那いわくですよ、あの、「あれもこれもやると、お前、当たり前になるだろ」っていう。そのとおりだ。「だから俺はいろいろやらない」って言ってた。

夫は、「お願いすれば」習い事の送迎や通院の付き添いなども「一応、行ってくれる感じ」だったが、夫から自発的に「行くよ」ということはなかった。浅井さん自身の通院と子どもの通院が重なるという話をしていても、「俺、ジム行こうかな」と言うなど、「〔家事・子育ては〕基本的に自分の仕事じゃないっていう認識になっている」と述べている。

このように「何か、勝手な感じ」の夫に対しても、「多くを望んだりしない」のは、あとでけんかになるのが「面倒くさい」からだ。二人とも「我が強」く、けんかになると「ブチ切れ」て、お互いに「結構な捨てぜりふ」を吐くが、夫婦がけんかをしているのを子どもたちが見るのはよくないことだと思い、夫婦間のもめごとを引きずらないようにしてきた。

本音をいえば、「私は残っていること、結構ある」とし、消化しきれずに「まだいっぱいあるんだけど、言いたいこと」と感じることもあったが、子どもの前では、夫の悪口や愚痴は言わないようにしていることもあり、「うちの娘たち、お父さん大好き」だという。

四人家族のなかでただ一人の男性である夫が「孤立」しないよう気にかけ、子育てに「関わらすように」してきた。夫は土日出勤が前提だったため、夫婦で月曜日に休みをとり、「あちこち子どもは連れ回した」。二人の娘と夫はいまも四人でキャンプに行くほど仲がいい。

> ほかの男の人に聞いたら、「それは、たぶんね、奥さんの努力だよ」と言われたから、「だろ?」っつって。「だろ?」って言って、そういう感じです。(略)お父さんのこと嫌いっていう娘さんの話も聞くのは、やっぱりね、私も何か、「あんたのせいじゃん、それ」って思っちゃう。

これまでの子育てを振り返り、親密な父娘関係を築けてきたことについて、「自分のなかで成功したかな」と自負の気持ちを語っている。

最初から夫に期待しないことで、現実との矛盾が生じること自体を回避する

これまでのケースが夫への期待はあっても、多くは期待しない（期待できない）と諦めの気持ちを妻が抱いていたのに対し、最初から夫に期待さえしないことで、夫の家事・子育てに対する不満自体を生じさせないようにするケースもある。中井さん（四十代前半・経営者・講師・大卒）は、東京都で夫と五歳の娘と暮らす。大学卒業後は父親の会社にエンジニアとして就職、二十代半ばでシステム開発の会社を起業し、現在に至る。夫もエンジニアとして起業している。夫婦ともに仕事時間は「早くて遅い」が、中井さんは子どものお迎えのために十七時には切り上げる。仕事が残ったときには、二十三時ごろに夫が帰宅してから再び会社に戻り、夫が起床するまでに家に戻る。「ずっと私仕事していたい」「楽しい」というほど仕事が好きで、「けじめがなくなってしまう」ため、現在は家に仕事を持ち込まないようにしている。また、「子どもが大事」だからと現在は出張をやめている。

夫は、「もし流しに洗い物があったらしてくれ」るし、子どものお迎えも「時間があればしてくれます。ないときは駄目」という状況だが、基本的に夫には子どもに関して「何か任せよう」「お願いしよう」という気持ちはない。中井さん自身があまり母親に育てられたという記憶がないことから、自分は「母親として子どもにしてあげられることはしたい」「どんなに忙しくても全部したい」と考えていること、夫はそうした状況をよくわかっているゆえに「あんまり口を挟まないかなと思います。よく言えばですけれども」と述べている。

中井さんは、医者から止められたにもかかわらず、出産後十日で仕事にいき、乳腺炎で高熱が出るなどの症状が続いた。その後も終日、娘と家にいて「ちょっとした産後うつ」を経験したが、「仕事は待ってくれない」ので、子どもをみてくれるところを探すために「数えきれないほど」さまざまな機関に電話したという。最終的には、子どもを連れて出勤し、二時間おきに授乳しながら娘と一緒に寝て、仕事の時間帯を夜中に変えることでその時期をやり過ごしたという。夫に「口を挟んでほしいときもあったか?」という問いかけへの応えに、もっと夫に関わってほしかったという中井さんの本音を垣間見ることができる。

もうでも、もうあんまりいまはないです。昔は言ってほしかったですけど、大変なときに。でも、あのとき私も産後うつなので。

小括

以上の四人の女性は、夫の労働状況を「変えることのできないもの」(=前提)と受け止める。最初の三人は家事・子育てが圧倒的に妻に偏っている状況に対する不満を、それ以外の要素を持ち出すことでバランスをとる。根本さんは夫のこだわりがない性格、よく話を聞いてくれること、旅行にいきたいという妻の希望をかなえていることを評価し、田島さんは子どもがダウン症だとわかったときに夫が発した言葉に「救われた」と話す。浅井さんはこれまでの子育てを振り返り、できるだけ夫と娘たちをつなごうと努めてきたこと、そうした積み重ねが現在の親密な父娘関係の形成につながっていると自負し、誇りを感じている。

一方、中井さんは、最初から夫に期待していないことを表明し、夫の家事・子育てに対する不満を顕在化させていない。むしろ、「子育てに口を挟まない」のは中井さんへの配慮からだと考えることで、夫に期待することから慎重に距離をとっているようにも思われる。いずれも夫の家事・子育てへの関わりに対して望む状況と現実の間に生じる矛盾を何とか埋めることで、結婚生活を維持しようという姿勢がうかがえる。

2　夫の関わり方を受け入れられず、夫への気持ちが冷めてしまったケース

次は、子育てに対する夫の関わり方を受け入れられず、結婚生活を維持する意欲を失ったケースである。前川さん（四十代前半・正規・事務職・大卒[7]）は、千葉県で夫と二人の子ども（十一歳の娘と八歳の息子）の四人で暮らす。大学卒業後、正社員としていまの会社に就職、現在はフレックスの時短勤務で働く。「すごく子どもの相手をしてくれる」父と、生活まわりのことを「きちっとやってくれる」母に育てられ、子どもの生活リズムを整えることを重視するが、「一人で仕事をしながら」では無理だとして、近くに住む自分の母親のサポートを受けて仕事を続けてきた。インフラ関連の企業で事務職として働く夫は「本当にもう仕事第一」で、帰宅は夜中の十二時になるのが普通である。加えて、夫は「あんまり家族で一緒に食べようという努力をしないタイプ」のため、平

日は家族とほぼ関わりがない。休日は子どもとのコミュニケーションが少しはあるが、まだ小学生のため、「毎日のちょっとした会話と触れ合い」が大事だと感じている。「コミュニケーションがほんとに非常に不足」していて、よく一緒に遊んでくれた前川さんの父親とは「もう全然逆」である。このため、「父がやってくれたこと」に倣い、遊びも「相当、私が中心」でおこなっている。

私の理想としては、やっぱ育った家庭みたいな、あそこまではやってくれなくてもいいけど、やっぱり疲れてても週末は遊んでくれる、せめて子どもとなんか、公園〔に行くとか〕。〔夫は〕言えばやりますけど、やっぱ自発的にっていうのが大事だと思うので、もう言うのも疲れちゃう。

家事については夫に不満を感じていない。夫に望むのは自分の父親がしてくれたように子どもと接すること、そのために仕事を調整してほしいということだ。このため夫には、「お給料が下がってもいい」から、もう少し「楽な仕事」に変わってもいいのではないかと何度か話をしたが、夫は転職など全く考えていない。そうした仕事に対する夫の態度を「すごいとは思うけど、そこまでして仕事にね、こうやる意味が私はわからない」と述べる。子どもは大きくなったら離れていくのだから「いましかないときをもっとさ、過ごす努力をしたらいいのに」と感じている。夫は「大人同士の会話だったらすごく機転も利く」し、「頭の回転も速いから面白かった」ため、夫が子どもと接する姿など「夫なりに」努力していることを何度も口にし、夫への配慮をみせる。前川さんは想像もしていなかった。

〔結婚する際に〕お父さんになった姿考えているかわかんないですけど、その視点が私のなかではたぶんすごい欠けてたなっていま思うんですけど。

生まれ変わったら結婚するかという問いに対して、「絶対結婚してないです」と断言する。自分の優先順位について、「完璧に、私はもう家族があってこその仕事」と断言する前川さんにとって、理想とする家族の姿と現実の間に矛盾があり、それを解消すべく夫に何度となくはたらきかけてきたものの改善の見込みはない。しかも、前川さんにとってはそれが最も優先順位が高い事柄であるために、それを別の要因で埋めることもできない。日常的なコミュニケーションが圧倒的に不足し、夫にはいろいろと相談する気が起きなくなっている。

3　家事・子育てをめぐる夫との関係性が変わる兆しがみえるケース

最後は、妻が夫に少しずつはたらきかけをし、夫もそれに応じつつあるケースである。植田さん（三十代後半・女性・正規・造園業・大卒）は、夫と五歳の息子と神奈川県で暮らす。夫はインフラ関連の企業に技術職として勤め、仕事は忙しく、早いときは二十一時ごろに帰宅するが、遅いときには日付が変わることもある。工事が重なると夜勤も入る。このため、出産後は植田さんが保育園の送迎を担当していたが、植田さん自身、定時までに仕事を終えるのがつらいと夫に伝え、早めに出勤して仕事をこなすべく夫が送りを担当するようになった。

それ以外の分担については、明確に決めていない。夫は「〔妻の〕いら立ち具合を見て、いまは思う」が「よっぽどのとき」以外は抑えている。本当は夫にもっと「言いたいなとは思う」が「よっぽどのとき」以外は抑えている。ただ最近、保育園の送りをめぐって夫に怒ったことがあるという。植田さんが保育園の送迎を夫に依頼するときには、保育園の支度から朝食を食べさせることまで全部やってから夫に「お願いね」といって先に出勤しているのに対し、夫が先に出勤することになったときに、夫は「何もしないで出ていこうとした」からだ。

「なんで自分のことしかしないで会社いこうとするの」って。私、ちょうどゴミ捨ての日も重なってたんで、「ゴミ捨てと子どものごはんと支度と全部私がしないといけないいじゃないいって、おかしくない?」って言って。

夫と対等に分担していたはずの保育園の送迎――送りが夫、迎えが妻――だったが、実は送るための下準備を植田さんが担っていた。植田さんが子どもを送る段になったときに、そうした下準備を夫がせずに先に出ようとしたことに釈然としないものを感じた。さらにその日は、ゴミ出しも重なった。ゴミ出しの日は、夫が持っていけばいい状態まで植田さんが準備してから夫に頼んでいることもあり、植田さんは怒りを爆破させた。夫も家を出る直前だったため、「なんでそんなことをいま言うの」「言うんだったら前日にお願いしておいて」と怒りながら出ていった。後日、この件を夫と話し合い、お互い納得したという。

男の人っていうのは一回言ったらずっとじゃなくて、その、そのつど言わないと、そのー、一回言ったら、一回頼んだことが終わったら、それでもうそのプロジェクトは終わり。例えて言うなら。で、次、また何かお願いしないと、それをしなきゃいけないっていう頭にはならない話になって、ああ、そういうものかと思って。「じゃあ絶対何かお願いしなきゃっていうときには、ちゃんとそのつど言わないとだめなんだねえ」っていう話をして、お互い納得みたいな感じですね。

植田さんが望む状況と現実との間には乖離がみられる一方、妻が下準備をしてから夫に依頼するという家事・子育てのあり方から一歩抜け出す兆しも語られた。植田さんは七年間の実務経験を経て、先日、資格試験の筆記試験に合格し、夫に子どもを預けて二週間の宿泊研修を受けてきた。その最終日に試験があり、合格すると専門職としてさらなるキャリアアップが目指せる。二週間研修で家を空けた際に、その間の食事の準備などをすべて夫に任せた。

その、ある程度晩ごはんとか作れるのはわかっていたので、じゃあもう大丈夫だと。もう

「よろしく」って、「何なら外食とかもあるから生きていけるよね」と思って。

この宿泊研修のあと、二人目の子どもをもつことに前向きになり、夫とも話し合いをしたという。宿泊研修で幼い子どもを育てている母親たちに出会ったことに加え、二週間の間、夫に子どもを任せられたことも二人目の出産への後押しになったのかもしれない。

おわりに

①家事・子育てをめぐる夫と妻の経験の違い

ここまでみてきたように、ここに登場する夫たちは全く家事をしないわけではない。洗濯物を干す、ゴミを出す、庭掃除以外にも、流しにお皿が「残っていれば」洗い、「時間があれば」子どものお迎えにいき、「お願いすれば」習い事の送迎や通院の付き添いもする。

こうした夫たちの家事・子育てに対し、妻たちは夫にもっと言いたくても「よっぽどのとき」以外は抑え、けんかにならないよう「多くを望んだり」せずに気持ちをコントロールする。また夫の関わりに対して、「～をしてくれる」（傍点は筆者）と表現し、「夫なりに」努力していることを評価するなど、夫に配慮し、気を遣っている様子もみられた。

その一方、夫の関わり方は妻とはずいぶん様相が異なることも明らかになった。本章でも多くの夫が「ゴミ出し」を担当していたが、それは妻がまとめたゴミを集積場に持っていくという文字どおりの「ゴミ出し」である。家事の連続性という側面からみると、日々のゴミの分別に加え、「今日は何のゴミの収集日？」かを認識し、それに見合ったゴミをまとめることで、ようやく夫が「ゴミ出し」を担える状態になる。家事や子育ての主担当者（主に妻）はこれらの全工程を把握しているのに対し、サブ担当者（主に夫）は、妻からの依頼／お願いを受け、一連の作業のうちの一部を担当する。平山亮は、男性がおこなう家事・子育ての多くは女性のお膳立ての下でおこなわれているとし、「女性は、男性が家事参加できるようにするための役割まで負わされている[8]」と指摘している。

また、夫が家事・子育てに関わる際には限定条件がつく。柳下実は、出産後、女性の起床・帰宅・就寝時刻が早くなっていることをパネルデータの分析から示し、子どもをもつことによる生活時間のやりくりが女性に偏っている可能性を示唆している[9]。「時間があれば」「残っていれば」「お願いすれば」という条件付きの関与が夫に可能なのは、夫の就労状況とそれに付随した生活スケジュールは変わらない（変えない）ことを前提に、子どもの生活リズムへの対応は妻が担っているからである。その根底にあるのは、家事・子育ては「基本的に自分〔夫〕の仕事じゃないっていう認識」（浅井さん）だろう。

②「ともに担い、ともに思い悩む」子育てを目指して

このようにみてくると、妻が夫に対して「もっとやってよ」というときには、単に夫が関わる作

業量だけでなく、家事や育児の質的な違いや関わる姿勢も含めて夫に問うている。そうした家事や育児をめぐる経験の違いが夫にうまく伝わらず、夫婦でタッグを組んで家事や子育てを「ともに担う」という状況になっていないことに妻は不満を抱く。

その際、妻が夫の就労状況を「変えることができないもの」として捉えている場合は、自分が望む両立のあり方と現実との間に生じるジレンマに対し、家事や子育て以外の要素を持ち出すことによって結婚生活のバランスをトータルでとろうとする。もしくは最初から夫に家事・子育てを期待しないことで夫への不満自体を生じさせないようにしながら、結婚生活を維持しようとしていた。仕事と家庭をめぐるジレンマや葛藤に対し、妻たちが一人で思い悩み、逡巡し、自分の気持ちに折り合いをつけようとしているのは、「立ち往生した革命」のもと、「自分が大切にしてきた理想とそれとはあいいれない現実との間の衝突から必然的に生じるあらゆる感情を処理する必要に迫られ」ているからにほかならない。[10] なかにはそうした試みがうまくいかず、夫に対する愛情が冷めつつあるケースもみられた。

こうしたなかで、「ともに担い、ともに思い悩む」夫婦関係の構築に向けて変化の兆しがみられる夫婦がいた。植田さん夫婦である。植田さんについても望む状況と現実との間の乖離があり、それをほかの要素を持ち込むことでバランスをとっている語りもみられたが、そのほかの五つの事例と異なる点は、妻が夫に対し、不満を口に出して伝えるだけではなく、それを夫が受け止め、二人で話し合っている点である。「男の人っていうのは一回言ったらずっとじゃなくて、その、そのつど言わないと」「一回頼んだことが終わったら、それでもうそのプロジェクトは終わり」という夫の言い分には、家事や子育てが連続的なものであるという認識は乏しい。また植田さん自身も、これまで夫に頼む際には、保育園の送りにせよゴミ出しにせよ、「お膳立て」をしてきた。こうした関係性はまだ「ともに担う」状況とはいえないが、二週間の宿泊研修の際に、その間の食事の下準備をせずに夫に子どもを任せ、夫もそれを受け入れた点に「ともに担う」方向へ向かう兆しがみられ、さらにはそれが二人目の子どもをもつことへの後押しにもなっている様子がうかがえた。

「ともに担う」ことはまた「ともに思い悩む」ことでもある。仕事と子育ての両立をめぐって生じる問題に対し、妻だけが悩み、自分自身を納得させるのではなく、夫婦ともに話し合い、ともに悩み、ともに調整しながら子どもを育てていく関係性をつくることが必要になる。夫婦がともにそうした時間を確保し、ワークライフバランスを実現できるよう、夫と妻双方の労働環境と子育てを支える社会的支援の整備が急がれる。

注

(1) 内閣府「男女共同参画白書 令和4年度」二〇二二年(https://www.gender.go.jp/about_danjo/whitepaper/r04/zentai/index.html)［二〇二三年六月三十日アクセス］

(2) 国立社会保障・人口問題研究所「現代日本の結婚と出産——第16回出生動向基本調査(独身者調査ならびに夫婦調査)報告書」二〇二三年(https://www.ipss.go.jp/ps-doukou/j/doukou16/JNFS16_ReportALL.pdf)［二〇二四年八月三十一日アクセス］

（3）内閣府「男女共同参画白書 令和2年度」二〇二〇年（https://www.gender.go.jp/about_danjo/whitepaper/r02/zentai/index.html）［二〇二三年三月十六日アクセス］
（4）総務省「令和3年社会生活基本調査――生活時間及び生活行動に関する結果 結果の要約」二〇二二年（https://www.stat.go.jp/data/shakai/2021/pdf/gaiyoua.pdf）［二〇二三年三月十六日アクセス］
（5）アーリー・ホックシールド『セカンド・シフト――アメリカ共働き革命のいま 第二の勤務』田中和子訳、朝日新聞社、一九九〇年、一八ページ
（6）同書六七ページ
（7）このケースについては、第5章「世代間比較の語りからみる親であるという経験」（松木洋人）でも詳しく検討している。
（8）平山亮「vol.01 見えないケア責任を語る言葉を紡ぐために／「名もなき家事」の、その先へ」「けいそうビブリオフィル」二〇一七年十一月二十日（https://keisobiblio.com/2017/11/20/namonakikaji01/）［二〇二三年三月十日アクセス］
（9）柳下実「世帯のマネジメントという家事労働――「生活時間のやりくり・組み立て」に着目して」、日本社会学会編「社会学評論」第七十巻第四号、日本社会学会、二〇二〇年、三五五ページ
（10）前掲『セカンド・シフト』

第7章　家事に向き合う男性の意識
――損得や快苦や繁閑とは異なる家事の規定要因

須長史生

はじめに

本章では男性の家事参加について検討する。これまで家事は女性の役割と見なされる傾向が強く、後述するように最近のデータをみても、日本で男性は女性と均等に家事を分担しているとは言いがたい状況である。もちろん近年の女性の社会進出状況をみると、かつてのように「男性は仕事、女性は家庭」という考えに固執するような風潮は弱まっているように思われる。男性の家事参加について肯定的な意見を耳にする機会も多くなった。従来の性別役割分業規範と実際の男性の家事遂行は直接連動していると考えないほうがいいだろう。ここでは家事をしていると自認している男性へのインタビューを取り上げ、男性が家事に参加していく姿を明らかにする。

なおここで「家事をしている」という表現は、妻と同等に（あるいはそれ以上に）家事をしているということを意味しない。実際、本インタビューでも妻と同等以上に家事をしていると答えた人はゼロで、多くの人は「やっているつもり」や「やれることはやる」というような控えめな表現をとっている。多くの場合、家事をしていると答えてもその量は妻に比べればわずかである。そのため本章では妻と同等以上に家事を担っている男性を取り上げるのではなく、その一歩手前の家事に向き合おうとしている男性の意識の変化をこそ取り上げたい。彼らがどのようなことを思って家事をするようになったのか、そこにはどのような原因（あるいはきっかけ）があったのか。それらを彼らが家事をするようになっていく過程から浮かび上がらせたい。それは男性にとって「家事をする」ことの意味を掘り下げていく作業でもある。

1　男性の家事参加をめぐる状況

二〇二二年に発行された「消費生活に関するパネル調査[1]」の報告書によると、新型コロナウイルス感染拡大によってテレワークや時差出勤が求められるようになっても男性の家事時間は女性に比べて増えることはなかった。表1にあるように、コロナ禍以前の一九年とコロナ禍以降の二〇年を比べると、共働き世帯では妻の家事時間が四十分増えたのに対し、夫の家事時間は十一分しか増加しなかった。また専業主婦世帯では妻も夫も二十分と増加時間が同じだった。専業主婦世帯なのだ

表1　家事時間の比較

	共働き世帯		専業主婦世帯	
	妻	夫	妻	夫
コロナ前（2019年）	5時間20分	1時間06分	10時間51分	50分
コロナ後（2020年）	6時間	1時間17分	11時間11分	1時間10分
増加分	40分	11分	20分	20分

（出典：慶應義塾大学パネルデータ設計・解析センター編『「消費生活に関するパネル調査」がとらえた女性と家族』〔慶應義塾大学パネルデータ設計・解析センター、2022年〕から筆者が作成）

から時差出勤やテレワークによる時間創出は主に夫に現れるはずだが、なぜか妻の家事時間も同じだけ増えている。「家事をしたくても時間がない」というのは家事遂行できない男性からよくあげられる理由である。自由になる時間が少なければ家事に割く時間が制限されるのは仕方がないことだ。しかし、これらが示唆するのは時間が増えても男性はそれほど家事をしない、ということではないだろうか。家事労働をめぐる夫婦間の格差の問題はいまだ解決には至っていないのである。

家族社会学も早くからこの課題に向き合ってきた。これまでの研究は主に量的調査に基づいた実証研究として展開され、そこから夫婦間の学歴や収入の差が男性の家事時間に影響を及ぼすといった相対的資源仮説や、勤務時間による時間的な制約が少ないと家事時間が多くなるといった時間制約仮説、性別役割分業規範を支持していると男性の家事時間が少なくなるイデオロギー仮説、夫婦間の情緒的絆が強いと共同行動が多くなり、夫の家事時間が増えるとする情緒関係仮説などさまざまな仮説が導き出されてきた。これら先行研究の知見の蓄積によって、男性の家事遂行の実情は少しずつ明らかにされていったといえ

表2　インタビュー対象者（本文での登場順）

名前	居住地	年齢	夫職種	妻職種
飯島さん	神奈川県	50代前半	エンジニア	専業主婦
金井さん	大阪府	30代前半	システムエンジニア	専業主婦
石塚さん	神奈川県	30代後半	市役所職員	看護師
荒川さん	青森県（単身赴任中）	30代後半	銀行員	専業主婦
丹羽さん	愛知県	30代後半	整備士	専業主婦
難波さん	東京都	30代後半	児童養護施設職員	保育園職員
津田さん	神奈川県	30代後半	鉄道会社職員	専業主婦

る。[2]

しかし本章では、これらとは異なり質的調査すなわちインタビューデータに基づいた接近を試みる。質的な調査は大量に網羅的に情報を処理することには不向きだが、一方で意識の内奥に踏み込めることやその人の行動や価値観の形成に至るプロセスを明らかにする点ではすぐれている。そこで本章では男性が家事遂行を決意するまでにどのような経緯があったのか、そしてその過程で他者とどのようなやりとりがあったのかについて、とりわけ本人の葛藤や思い違いの修正に注目しながら意識の変化に注目していきたい。そこには、従来の性別役割分業に関するジェンダー規範とは異なる意味が含まれているかもしれない。

2　インタビュー対象者について

本章ではインタビューデータのうち特に家事をしていることを自認し、そのなかでも家事に対する考えや家事をする理由について明確に言及している男性七人を取り上げている。対象者は全員フルタイム就労で職種は表2のとおりである。また妻の就労についてはフルタイムが二人で、五人は専業主婦（パート就労を含む）である。なお、年齢構成は三十歳代が六人、五十歳代が一人で、三十歳代が中心になっている。

インタビュー内容は多岐にわたるが、ここでは家事・育児の遂行にしぼり、家事の内容、家事をするようになるきっかけや経緯とその理由などについてまとめていく。先行研究の諸仮説が正しいとしても、どのような経緯で家事をするようになったかを知ることは男性の家事遂行を理解するうえで有意義と考えられるからである。

3 インタビューの結果

家事遂行

インタビューでは、本人の家事遂行や妻との分担について問うている。この会話のなかで自分が担当する家事として語られるのはおおむね食事のしたくと後片付け、掃除、子どもの世話（寝かしつける、公園で遊ぶ）、家族イベントに車を出すといったもので、一般に「家事」といって思い浮かぶものが一通りあがる。具体的な部分では違いがみられるが、全体としては一般的なイメージどおりの家事があげられている。

以上のように本調査では、家事をする男性に際立った特徴はみられない。そのため以下では、本調査の家事遂行についての語りを、特別なタイプの男性や極端な考えをした男性の経験としてではなく、いわゆる一般的な男性の経験として取り上げていく。

①家事遂行に至る経緯、気持ち（第一子の誕生による家事量の増加）

そもそも家事や育児は生活をするために必要で不可欠な労働であり、それを遂行することに特別な理由などないはずだが、男性の場合は家事の話を進めていくとたいていはその理由やきっかけに行き着く。そして、そのきっかけの一つとして登場するのが第一子の誕生である。彼らは、第一子が誕生したことを境に家事への関わり方や考え方が変わったと述べている。家事量の増大を目の当たりにして、男性は家事に対する向き合い方を意識的に変えている。大手企業でエンジニアとして働く飯島さんは、自身の実際の家事遂行の具体例を話したあとで以下のように語る。

まあ、やっぱりそれは子どもが生まれて、あの、妻の負担がぐっと増えたことがきっかけだと思いますけど。それまでは、さっき申し上げたように、まあ、恩着せがましくやってただけで。

彼の場合、子どもが生まれ妻の負担が増えたことをきっかけに家事に対して意識的に向き合うようになっていく。

またシステムエンジニアの金井さんも、子どもが生まれる前はおこなっている家事も少なく「家事という面では何も気にしてなかった」が、第一子が生まれると「家事の総量が増えた」ため日常的に家事をするようになったという。

それまでさほど深く考えることもなくやり過ごすことができた家事遂行の問題が、第一子の誕生を機に実際の家事量の増大として男性の前に立ち現れている。しかし、子どもが生まれたからといってすべての男性がただちに「家事する夫」に生まれ変わるわけではない。市役所で技術職として働く石塚さんは、家事分担について結婚前から妻と話をしていたが、実際には互いの状況をみながら徐々に家事の内容が定まっていったという。

〔結婚前に家事分担について妻と話をしたかという問いに〕話しました。話しましたが、やっていくなかでだんだん、じゃあ、こうしよう、こうしようみたいな感じですかね。

石塚さんの場合、子どもが生まれてからは「やらなきゃいけないことが変わってくる」ため、決まった作業だけをするのではなく、妻の疲労の様子などをみて、そのつど必要な作業をするなど、柔軟な対応をしていたという。

これらのことから、彼らは家事と育児に追われる妻の状況をみて徐々に態度を変えていることがわかる。しかしこれは単に分担内容が固定化していくというだけでなく、より深い意味で、夫の意識の変化をも示しているように見受けられる。

飯島さんは入社当初から仕事が夜遅くにまで及ぶことが多く、それを言い訳にして結婚後も家事については「恩着せがましく」やっている状態だったという。

〔当時の自分の家事が〕手伝うっていう感覚だから、彼女からすると、そんなもん分担するのは当たり前でしょって、まあ、思うし、で、手伝うって感覚だから、恩着せがましさが、こう出るし。

彼は結婚当初を思い出し、第一子が生まれるまでは家事に対して「手伝う」という感覚でやっていたため、妻には「恩着せがましさ」が透けてみえたのだろうと振り返る。実は、彼は結婚後早い時期から妻との関係について、「深いところではすれ違っていた」と感じていて、その原因がわからずにいた。第一子が生まれ、家事と向き合うようになるなかで、彼は妻との会話を大切にするようになる。そしてその会話のなかからすれ違いの原因がみえはじめ、次第に妻の言葉に注意を向けるようになったという。

たぶん、あの、これも一回言われたような気がするんですけど、やっぱり彼女のなかでは、べつに自分も働きたくなくて、家にいるわけでもないので、何か、働いてるからどうとか、働いてないからどうっていうのが見え隠れすると、きっと不快なんですよね。

彼はインタビューの間、結婚当初には受け流していた妻との会話を何度か思い出し、当時の彼女の思いを前述のようにあらためて解釈していた。また現在も、なにげない世間話から妻が社会の専業主婦に対する蔑視を読み取り、それを指摘していることに対して慎重に気を配っている。

子どもが生まれて家事に向き合うようになってから、彼は徐々に妻と丁寧に会話をするようになり、そこに込められている彼女の思いを少しずつ理解できるようになっていった。こうして彼は日常的ななにげない会話のなかからもすれ違いの原因についての「思い当たるふし」を見つけていく。彼は、望んで専業主婦になったわけではないという妻の気持ちに思いが至らず、かつて自分が「仕事が忙しいから」という理由で家事から逃げていたことを振り返り、反省する。自分が家事を十分にできない理由として用いていた言い訳こそが妻を不快にしていたのだ。家事に向き合うようになった彼は会話を丁寧にしていくなかで妻の思いを理解し、それを受けて自分自身の考えを改め、そして家事に対しても主体的に向き合うようになっていく。

だから、……働いてるからとか、男だからとかいう感覚を残すと、ろくなことはないような気はするので、そこは完全に対等で、家事もできることはやるし。それでも、きっと、まあ、あの、対等にはたぶんならないいんだと思うんですけど。ということなのかなと最近思いますね。

このインタビューのなかで彼は家事に対しての姿勢の変化を述べていたのだが、その過程は単に家事に対する態度の変化だけではなく、妻や家族に対する向き合い方の変化の過程を示しているかのようだ。

②家事遂行に至る経緯、気持ち（一人暮らしの経験）

第一子の出産以外では、独身時代や単身赴任での一人暮らしの経験に言及するものがある。銀行員の荒川さんはパート就労の妻がもともと専業主婦願望だったこともあり、家事についてはそれまでは全部「任せっきり」で、「たまに手伝うぐらい」だったという。しかし、その考えは単身赴任を機に変わった。単身赴任中は自分の生活は自分でおこなわなければならない。彼も洗濯や掃除などを自分でやっていたが、その作業に大変さ、面倒くささを感じることで、家事に対するひいては妻に対する考え方が変わった。

あ、これを一人分でこんな面倒くさいんだもん。四人分当たり前のようにやってたんだ、大変だったべなと思って、あ、これはたまに帰ったときぐらい、手伝ってやらねばちょっと悪いなという感じはありますね。

荒川さんはインタビュー当時も単身赴任中だったが、自宅に帰ったときには積極的に家事をしている。

派遣会社の正社員で整備士の仕事をしている丹羽さんが言及するのは、学生時代の一人暮らしの経験である。結婚前なのでこれは家事に対する考え方の変化の直接のきっかけというわけではないが、しかし彼の家事に対する考え方は当時の経験から影響を受けている。彼は、一人暮らしをしているときに食生活が偏り、その影響で体調を崩してしまったことを思い出す。体がだるく何もできないのだが、それでも家事はしなければならない。一人暮らしのつらさを経験してきた彼には家事の大切さと大変さが「身に染みている」という。

水回りがどんどん掃除、ほんとに一週間に一回掃除しないと汚れてったりとか、で、寝たいけど、洗濯物干さないといけなかったりとか、めんどくせえなっていうのもあるんで、逆にだから妻に一〇〇パーセントやらせるの大変だなっていうのもあったんで……。

具体的な場面とともに一人暮らしのつらい経験を覚えている彼は、妻が専業主婦であっても自分が経験した思いをそのまま妻だけに負わせることを良しとしないで、家事に対して自分なりに向き合おうとしているという。妻は専業主婦なので彼に家事遂行を求めてはいないのだが、彼はどのような作業が必要かを自分なりに「察知しながら動いて」いるという。

男性が家事の話をするとき一人暮らしの経験に言及することは多く、そこでは家事の技能の修得や家事の楽しさに気づいたといったものが話題にのぼることが多い。本調査でもそのような言及は散見された。しかしここで引用した会話では能力や快感の問題ではなく、家事の大変さの実感に話が向かっている点に注目したい。彼らは面倒ではあるが誰かが必ずやらなければならない作業を身をもって経験し、そのうえでそれを妻に任せっきりにすることはできないと表明している。ごはんの炊き方を覚えたので家庭でも実践していますとか家事の楽しさに目覚めましたという話とは水準が違う。家事を妻に押し付けることはよくないことだから自分も（自分が）家事をする、といういわば善悪の水準でこの問題を捉えているのだ。

③家事遂行に至る経緯、気持ち（妻、母親からの意思表示）

自身の家事遂行に対する考えを思い直す要因として、前述のほかに家事を担う妻や母親からその思いを聞かされたことをあげる者もいる。

児童養護施設職員の難波さんは、保育士の資格をもち家庭支援相談員として勤務している。彼は職場ではさまざまな家庭環境の子どもに向き合い、日頃から家族のあり方に対して強い問題意識をもって仕事をしているのだが、一方で職場の勤務体制の関係で、一カ月に七回ほどの宿直があり、時間的にも体力的にも家族に十分向き合う生活が送れていなかった。彼はあるとき、保育士として働く妻から自分が仕事中心で家庭に向き合っていないことを指摘されたという。

私の仕事は、この児童養護施設なので、やっぱり勤務がなんかめちゃくちゃなところがあって、……俺の中心は家庭じゃなくて仕事だよねって言われる……。家にいてほしいときに家にいないとかっていうのはやっぱり実際よくあるし、聞かされるしっていう部分では、ちょっと申し訳ないなって思うこともあったり。

彼は結婚してから子どもが生まれるまでの二年間は夫婦二人で生活をしていたのだが、妻はあまり体力がなく、仕事から帰るとすぐ疲れて寝てしまう状態だった。しかしそれをサポートすることができずにいた。

当時は私も、ほんとにそれこそ泊まりばっかやってたんで、えっと、一緒に食べられる時間もあんまりなかったんですよね。なので、各自やってる感じのほうが強かったですね。

その後引っ越しを機に義母が同居することになり、家事も彼女が担うようになった。他方で自分は思うように家事をすることができず休日に食事を作る程度にとどまっていた。

普通にそこは私がやらないとなとは思っていますが。というのもいろいろ考えて、ずっとこの宿直って全然何もできないんで、そういうのも、ゆくゆく中長期的に考えたら、当時、泊まりをしていた働き方はできないよなってのは私も思ってたし……。

話題は前後しているが、宿直が多い勤務体制のために家庭生活をうまく回せず、妻からも仕事中心の生活を指摘された彼は、彼自身の強い問題意識とも相まって「自分の健康を害してまで働くのは違う、……そのことで家族が不健康になってしまうのは本末転倒だ」と考え、現在の職場に退職を申し出る。

宿直がやれないってことはこの仕事が成り立たないのかなと思って、辞めますって話をしたんですけど……。

難波さんは、義母に家事を頼り、自分は仕事のために家庭に向き合えていない状況を良しとしなかった。仕事があるから家事をしない（家族と向き合わない）のではなく、家族と向き合うために仕事を制限することを考え、実際に退職を申し出るところまで自分を見つめ直している（その後職場からの慰留もあり、退職には至っていない）。

鉄道会社に勤務する津田さんは自身の家事遂行に対する考え方に関して、子どものころの母親の感情的な「爆発」を目の当たりにした経験をあげる。彼は子ども時代の引っ越しの際、母親だけが準備作業が終わらず家族から急かされたときに発した言葉を覚えている。

家族四人で引っ越すときって、すごく荷物が多くて、私たち、父親と姉と私は自分の物だけやってたんですけど、母親は家のこと全部やらなきゃいけなくて、当日も、もうぎりぎりまで終わってなくて、すごい怒ってたっていう思い出はいまでも印象ありますね。「何で私が全部やんなきゃいけないの」みたいな感じで。

作業がなかなか終わらない母親に家族がなにげなく「まだ終わってないの」と言ったところ、「何で私だけこんなにやんなきゃいけないの」と彼女が激しく怒りだしたという。津田さんはこれに驚き、母親（主婦）だけがすべての家事をやるのが当たり前であるという考えに疑問をもつようになったという。そしてその思いは妻の家事遂行に対しても及ぶ。

調査者：奥さまの家事に対する見方のときにそういう考え方がよぎったりはするんです？
津田さん：あー、けど、その印象は結構あったっていうのはありますね。

これも丹羽さんと同じく結婚前の経験ではあるが、彼も結婚当初から家事を積極的におこなっていたという。彼は鉄道会社に勤務しているため夜間勤務明けには自由になる時間が多いが、その際、暇を見つけては家事をするようにしている。

4　思考の転換・きっかけのスイッチ

ここまで取り上げてきた人は、仕事も妻との関係も多様だが、家事をするに至る経緯やその思いには似たような特徴がみられる。
飯島さんは妻との会話を真剣に受け止めていくなかで、仕事をしているから家事をしなくてもいいという考えは一歩進めれば働いていない主婦を見下すような考えにつながることに気づき、「完全に対等」な関係を目指して家事遂行を考えるようになった。荒川さんも丹羽さんも一人暮らしのときの大変な思いをふまえ、そのような仕事を妻だけに押し付けるべきではないと考えるようになった。難波さんは宿直が多い職務形態から仕事中心の生活をしているという妻からの指摘を受けて、それを改善するために退職を申し出るにまで至った。津田さんは引っ越しの際の母親の感情的な「爆発」を見たことが現在家事について考えるときにも影響していると述べた。

彼らが語っていたのは、家事の大変さの実感を前提に、すべてを妻に任せるのは正しくないこと（しかし自分はこれまでそれを妻に任せっきりにしてきたこと）、そしてそれを克服するために自分にできることを探して実践しようとしていることだった。

これらの語りの特徴は、仕事への影響や時間的制約などを合理的に判断して家事遂行の問題を考えるのではなく、負担が大きい仕事を妻一人に任せている現実に対してどのように向き合うのが正しいのかという観点から家事を考えようとしている点である。

いずれも理性で考えた正しい行動の選択として、すなわち義務的な行動として家事遂行を語っている点が特徴的である。彼らが家事をする理由のなかにはおそらく（複数ある理由の一つとして）義務的な動機が含まれているのだ。

わかりやすい例なのでもう一度飯島さんを思い出してみる。

彼はもともと仕事が忙しくてもほかの人よりは家事を手伝っているつもりでいたのだが、妻からすればそういった態度こそが不快であったことにあとになって気づく。彼女は「働きたくなくて、家にいるわけ」ではないのだが、夫（飯島さん）は自ら望んで仕事を続けておきながら、多忙であることを言い訳にして本来はやるのが当たり前の仕事（家事）を恩着せがましくおこなっている、それが不快だったのだ。そのことに気がついて以来、彼は以前から気になっていた妻の不快そうな態度や会話の行き違いなどを思い出し、そこに妻の真意を見いだそうとしたり、現在も妻の話を丁寧に理解し、そこにある彼女の真意や自分のするべきことを考えるようになっていく。

ここで注目したいのは思考の転換である。それまでの彼の考え方は家事遂行を困難にする要因を念頭に家事に対する向き合い方を判断するというものだったが、転換したあとの彼は家事をする（家庭に向き合う）ために帰宅時間を早める、つまりやるべきことのために条件を整えるという考え方に変わっている。これは「仕事優先から家庭優先へ」のような優先順位の入れ替えのレベルではなく、合理的な判断から正しさをめぐる判断へという考え方の水準が変化したことを示している。彼は家庭を大切にするようになったのではなく、妻の思いにどう応えるべきか、もっというと妻や家族にどのように向き合うべきか、という考え方に変わったのである。飯島さん以外の対象者も、利己的かつ「合理的な判断」を優先する発想から、利他的な「正しさ」を優先する考え方に思考が転換しているようにみえる。

これらの転換の引き金の役割をするのが、彼らの多くが言及する「きっかけになる出来事」なのかもしれない。飯島さんの場合は妻の不機嫌そうな態度やその後の会話、荒川さんと丹羽さんは一人暮らしの経験、難波さんは職務形態への違和感と妻からの指摘、津田さんは母親の感情的な発言がこれにあたる。いずれもこれらの体験が彼らの心に引っかかり、やがて考え方が別のものに変化している。まるでスイッチが入ったかのように(3)。

おわりに

ここまで家事に対する考えや家事をする理由について明確に言及している男性を取り上げ、彼らの思いやその変化を整理してきた。彼らの家庭状況や家事遂行のあり方は多様だったが、彼らが語る家事をするようになった「きっかけ」と「その思い」に注目すると共通する特徴が浮かび上がってきた。それは家事を妻に押し付けることの問題性への気づきと、それに対処するための自身の行動の変化である。そしてそこには、妻や母の意思表示や自らの実体験への思いがきっかけとして存在していた。そこには料理が好きだからとか、妻に感謝されたいといった快感を求めるような動機はみられない。疲労や時間不足といった要因も家事をしない理由ではなく、むしろ克服するべき課題として捉えられていた(飯島さん、難波さん)。

もちろんインタビュー調査の性質上、家事の話をするときに利己的な動機をあげにくいことはわかる。しかしそれを差し引いても彼らの言葉からは、何が正しいのか、自分は何をするべきかという義務の感覚が十分に伝わってくる。確かにすべての男性が理性的に判断し家事をするようになるわけではないだろう。しかしここでは男性が家事の問題に直面したとき、彼らには自らの義務に関する感覚が喚起される余地があることを指摘しておきたい。利害に導かれてではなく、善悪を基準として行動する余地がここにはみられる。

ただ考え方が変化したからといって、家事を十分に達成できるかどうかはまた別の話だ。そもそも家事に自覚的でなかった人がすぐに妻に代わりうるほどその任務をこなせるとは思えない。「私はやっているつもり」という冒頭で触れた彼らの発言の特徴は、もしかしたらそれを表しているのかもしれない。単なる開き直りではなく、負担軽減をしたい相手（妻）の目からみて十分といえるかどうかはわからないが、自分としては自分ができることを見つけて取り組んでいるつもりだ。そういうニュアンスがそこには見られる。

男性の家事参加に関する先行研究では、夫婦間の学歴や収入の格差、自由になる時間、夫婦関係の良好さなどが説明変数として採用されてきた。もちろん、こういった個人の生活や利害に還元されるいわば経験レベルでの実証も男性の家事理解には重要で、そこでの知見が否定されるものではない。しかしここまでみてきた家事をする男性の考え方にあるのは、それらとは異なる水準での思考であり決断である。男性の家事遂行の理解には、理性レベルでの動機理解も重要だろう。

本章で言及した対象者は、家事や家族に対する思いを理性的な水準で語っているため、まるで特別に意識が高い人であるかのようにみえてしまう。だが第3節でも述べたとおり、彼らはごく一般的な男性である。しかしその彼らの発言からそれが読み取れることが重要なのである。そういった男性が現状に悩み惑いながら少しずつ態度を改めていることの重要性を確認しておきたい。

なお、このような考え方の変化や選択は男性に特有なことでもないことにも留意しておく必要がある。思い返せば、女性の多くはこの選択をしてきた（強いられてきた）といえるだろう。結婚したとき、子どもが生まれたとき、彼女たちは家事や育児をするために拘束時間が短い仕事を選び、あるいは退職をしてきた。そしてその結果として、高収入や昇進が遠のいていった。確かに時間的に余裕がある人が家事をするのかもしれないが、家事遂行を真面目に考えた人が、時間的に融通がきく仕事を選んだ（選ばざるをえなかった）という側面も軽視してはならない。

性別役割分業に関するジェンダー規範の影響力が弱まってきている現在、かつての女性と同じように男性も家事や育児と正面から向き合うようになってきた。しかしそれは、男性にも家事負担がのしかかってきたとか、男性にも家庭を楽しむ権利が広がってきたといった話とは水準が異なる現象なのである。

注

（1）慶應義塾大学パネルデータ設計・解析センター編『「消費生活に関するパネル調査」がとらえた女性と家族』慶應義塾大学パネルデータ設計・解析センター、二〇二二年

（2）男性の家事遂行に関して特に規定要因に注目した初期の研究論文としては稲葉昭英「どんな男性が家事・育児をするのか？――社会階層と男性の家事・育児参加」（渡辺秀樹／志田基与師編『階層と結婚・家族』〔「現代日本の社会階層に関する全国調査研究」第十五巻〕所収、1995年SSM調査研究会、一九九八年）や永井暁子「夫の育児遂行の要因」（岩井紀子編『現代日本の夫婦関係』〔「家族生活についての全国調査（NFR98）報告書」NO.2-3〕所収、日本家族社会学会・全国家族調査（NFR）研究会、二〇〇一年）を、また書籍としては渡辺秀樹／稲葉昭英／嶋﨑尚子編『現代家族の構造と変容――全国家族調査［NFRJ98］による計量分析』（東京大学出版会、二〇〇四年）を参照。

なお、これまでの研究を概観し、論点をわかりやすく整理したものとして工藤寧子「夫婦の家事分担に関する文献レビュー」（東北女子大学・東北女子短期大学紀要編集委員会編「東北女子大学・東北女子短期大学紀要」第五十四号、柴田学園、二〇一五年）がある。

（3）特定の場面や条件のもと、人が道徳的・利他的に行動するようになることについてジョナサン・ハイトは「スイッチ」が入ると比喩的に表現し、これを実証的に詳述した。本章が注目した現象もこれを想起させるものである。このことについてはジョナサン・ハイト『社会はなぜ左と右にわかれるのか――対立を超えるための道徳心理学』（高橋洋訳、紀伊國屋書店、二〇一四年）の特に第3部を参照のこと。

第８章　子育て主婦とキャリアの見通し
――中断から再就職の間で

里村和歌子

１　そこそこ働く

少子・高齢化の進展による労働力不足を受け、女性の労働者化が官民挙げて急務とされている。一方、女性全体の就業希望者のうち七〇・三％が「非正規の職員・従業員」を希望し、また就業を希望しながら求職していない理由について二五％の女性が「出産・育児のため」としている。(1)出産・育児期を経ても就業を継続する大企業や官公庁の正規労働者、中断再就職型の非正規労働者という女性労働者の二極化が指摘されるなか、本章では、後者とその予備軍、すなわちパートなど融通がきく非正規労働に就いている、ないしは働いていない子育て主婦に焦点を当てる。(2)

出産を経た女性たちの就業継続や再就職に関する先行研究は、量的調査を中心に年齢、学歴、階層、夫や親、社会的なものを含めたサポート資源、政策に着目した豊かな蓄積がある。[3]一方でその前段階として、そもそもなぜ女性は出産を機に初職を辞めてしまうのかという問いに向き合った研究は近年までそれほど多くはなかった。

二〇一一年に実施された日本女子大学現代女性キャリア研究所による首都圏の高学歴女性を対象とした「女性とキャリアに関する調査」の分析で示されたのは、これまでの就業継続支援策によって「恩恵」を受ける「正社員モデル」の対象者は全体の五%とごくわずかであり、女性たちが辞めてしまうのは、本人の意識というよりもむしろ労働環境やキャリア形成の実態など性別分業に基づいたいびつな労働市場の構造が要因であるということだった。[4]さらに同研究では、本章が対象とする子育て主婦にも着目している。主婦の就業に関して家庭と社会からの要請が高まるなかで、専業主婦の八〇%以上、三歳までの子どもをもつ主婦の九〇%以上が就業意欲を示しているにもかかわらず、預け先の量的・質的な不足、乏しいサポート資源など育児支援体制からの孤立によって、両立に不安を抱き就業に二の足を踏む様子がデータから浮かび上がっている。[5]岩田正美はこのようないびつな構造に沿うかたちで実践される女性たちの「「そこそこ働く」戦略」が、結果的に女性たちの職業人としてのアイデンティティ形成を困難にし、「職業的成熟」や「確立」からさらに遠のかせていくという「悪循環」を指摘している。[6]

このようにこれまでの研究から、働きたくても働けない孤立化した子育て主婦の姿が明らかになった。しかしながら、本人が「「そこそこ働く」戦略」という「悪循環」の道をあえて主体的に選択・希望している可能性について明らかになっているとはいいがたい。加えて、先行研究では子育て主婦について「人生を再出発してほしい」[7]「何らかの行動を起こすよう誘導する必要性」[8]という表現が散見されるが、はたして主婦にとって初職継続や正社員への再就職が望ましいゴールなのだろうか。

そこで本章では、子育て主婦はどのようなキャリアの見通しをもっているのかを問うてみたい。

2　家族プランの優先

本章が主に分析対象とするのは関根さん、竹本さん、山根さんという子育て主婦である。[9]この三人はいずれも、先行研究が志向してきた「職業的成熟」を可能にする正社員になるためにはサポート資源が極端に不足していて、かつ非就業期間が長期にわたる（わたった）中年の女性であるという労働市場での不利な条件をもっているといえる。

さて、専業主婦にとってそこそこ働くことが目指される理由とは何だろうか。夫と四歳の息子と暮らす関根さん（三十代前半・専業主婦・千葉県在住）は、就業よりも二人目出産という家族プランを優先している。

保育士の資格をもつ関根さんは、広島県内の保育や幼児教育について学べる短大を卒業後、三つの保育所を転職した。約七年間の保育士経験があるが、虐待や保育士同士のいじめ、「炎天下のなかで昼草むしりとか、結構体力勝負」で大変だったという。そして三つ目の保育所勤務時に友人の紹介で建設会社で働く和歌山県出身の夫と出会い、二十六歳で結婚。その二年後に夫の転勤で千葉県に移ることになり、保育士を離職した。「転勤族の妻」になったが、すぐに東京都内でイベント受付の派遣の仕事を始めた。その間に不妊治療を経て妊娠。発覚後すぐに退職し、二十九歳で第一子を出産した。

そんな関根さんにキャリアの見通しについて尋ねると、「〔二人目出産が〕人生の目標なので。それをまずかなえて、たぶん次を考えるんだと思いますね」とすぐに就業を希望しない理由を語った。保育士への再就職については「資格はまだもってるんで。パートでやってもいいかなっては思ってるんですけど、いま子どもがまだちっちゃくてちょろちょろしてるうちは家を守って、体力温存のためにもあんまり疲れない仕事がいい」と語るとともに、「でもなんか、私のスタンス的にもいまからバリバリやろう、もう一回何かしてやろうと思ってはないです」という。つまり関根さんは大変だったフルタイムでの保育所勤務に戻るつもりはなく、第二子出産以降もし働くとしたら「家も潤う」ような「家計の足し」程度のパートでいいと考えている。

転居した地での夫、親や親族などのサポート資源が乏しく、美容室にもゆっくり行けない現状がある。夫は土日もないくらい忙しく、家事協力に関しては「ワンオペ育児」である。それについて調査者が踏み込むと、夫も仕事でがんばっていて妻が家庭から支えるのは当然で、夫婦に食い違いはないことを何度も強調した。夫は「もう全部投げてるっちゃ投げてるんですけど、私のことをたぶん信用してくれてるんで、家庭のことは任せてもらってる感じ」だという。

以上のことから関根さんは、まずは子育てと二人目妊娠という家族プランが最優先であり、サポート資源の乏しさや保育士時代の過労経験によって、新たなキャリア形成まで見通す段階ではないことがうかがわれた。

３　仕事をしていないことの負い目

次に第一子出産以降に共働きから専業主婦になった事例をみてみたい。その過程で、夫婦関係とキャリアの見通しはどのように変化したのだろうか。夫と四歳と一歳の息子と暮らす竹本さん（三十代後半・専業主婦・京都府在住）は、高校卒業後浪人して京都の大学（情報通信工学）に進学。大阪の企業でＳＥの職に就き、二十九歳で四歳年上の同僚と職場結婚をした。しかし夫から「結婚するんだったら転職してほしい」と請われ、すぐにＳＥとしてベンチャー企業に転職した。三年後、第一子を出産。育休を取得して就業継続するが、第一子が二歳のとき夫の転職を機に退職し転居。専業主婦になった。調査時は第二子を出産して一年がたっていた。

第一子の育休の際は、母子で家にこもりがちだったという。

まぁ結構、ずっとあたし、ずっと仕事ばっかり打ち込んでしまうタイプだったんで、さあ、一人で家にいてどうしようみたいな。結構、ずっと家にいた感じだったんで、鬱々するじゃないですけど、やっぱり煮詰まるところは多かったりとか、いま、思うともっとこう、気にせずに出かけたりとかすればよかったなって思うんですけど。

育休が終わり復職したあとは、長男を保育所に預けながら夫と家事を分担して時短勤務をしていた。しかし、竹本さんが専業主婦になってからは、夫との家事分担のあり方が変化する。

働いてるときは洗濯干すのとか夜に手伝ってくれてたんですけど、やっぱり専業主婦になったってことで、何かちょっとほとんど家事を手伝わなくなりました。何かもう「専業でしょ。僕、僕は仕事」みたいな感じで結構、きっちり分けられちゃった感じがして、知らぬ間に。

家事分担について夫婦間での話し合いなどはなく、そのことについては「何かもう働いてくれてるからしゃあないかな」と語っている。

このように、もともと共働きだったが竹本さんが専業主婦になったことで夫婦の性別役割分担が強化されたことがわかる。「働いてくれてるから」と夫が主たる稼ぎ手であるということで納得しようとしているが、それは同時に竹本さんの引け目にもつながっている。仕事を辞めて専業主婦になったときの気持ちについて竹本さんは、「やっぱりこう、旦那さんのね、主人の給料でやっていく、食べさせてもらってる感がやっぱりすごい、拭えない」と語り、続けて以下のように語っている。

やっぱりこう、自分で働いてたときはこう、少しこうね、ご褒美だったりとかって気持ちが生まれましたけど、あんまりやっぱそういうのは、うーん、そういうのをあんまりしてると向こう、主人はいやな、いや、いやかなとか。やっぱりすごい、顔色じゃないけどうかがってしまうので。だから、その家事の分担にしても強く言えない。

そして「何か働いてたときのほうがまだ自由な時間あったんじゃないかな」「やっぱり少しでも収入ほしいな、自分の自由になるお金っていうのがやっぱほしいなって思いますね」という。経済的に不自由をしているわけではないものの、納得できない「気持ちの問題」があるという。

さて、この「気持ちの問題」とはいったいどんな問題だろうか。「専業主婦がたぶん性に合わない」と語る江口さん（三十代前半・正社員・岡山県在住）も、同じような経験を涙ぐみながら振り返っている。江口さんは夫と六歳と四歳、二歳の息子と暮らし、調査の四カ月前に再就職を果たしたばかりだった。調査者が、再就職してからの家事の負担の変化を尋ねたところ、次のように語った。

江口さん：負担。あの逆に仕事してなかったときのほうが、負担だなって思ってたかなと思います。

調査者：あ、家事、ああ、そうですか。

江口さん：何でしょう。なんか仕事をしてないことが負い目に感じてた。だから、その仕事してないぶん、家事とかはそういうのは全部私がしないといけないって、なんかこう思ってしまうというか。だから、そういうのもやっぱりしんどいですかね、専業主婦。
調査者：ああ、なるほど。え、負い目っていうのは、旦那さんに対して負い目？
江口さん：ですかね、そう。社会にも。
調査者：社会にも？
江口さん：もう旦那さんにも。なんかこんなに暇に毎日して、時間もね、なのに家事が一つできてなかったら何してるんやろって思われへんかな、みたいな。

この江口さんの語りからは、夫との関係性が自身の就業状態によって変わってくる様子が見て取れる。稼得がない専業主婦であるからこそ、誰に言われるわけでもないのに家事は全部自分がやらなければならないと「思ってしまう」。すなわち、このような内なる他者に対する「負い目」は、主婦役割を完璧にこなさないかぎり生まれてきてしまうようだ。

さて、竹本さんの事例に戻ると、自身の就業状態が子どもとの関係性にも影響を与えていることがわかる。共働き当時のワークライフバランスについて問うと、職場では時短勤務をきっちりとすることができていて、そのときのほうが「メリハリがついていた」と明かした。

そんときのほうが土日、子どもが、平日会えないぶん、「かわいい、かわいい」ってなるからですか。帰ってきたあとも、「会いたかったよ」ってなるんで、そういう意味では優しくできてたかなって。

さらに、子どもの保育園の先生と子育てを共有することについて「心強かった」という。

だから、自分のなかではメリハリついてたし、ちゃんとこう寝かすまでの時間っていうのもちゃんと組み立ててやってたし、そのメリハリがすごくよかったですね。ああ、「週末も遊ぶぞ」って感じで、遊ぶために夫婦でこう、金曜の晩に家事を前倒ししてやっとくとか、そういうのができてたんで。

就業していると少なくなる家族のために使える時間をマネジメントすることや、夫や保育所を巻き込みながら「一緒に子育てをしている」という実感が竹本さんに充実感を与えていたことがわかる。

他方、再就職については前の職場から「リモートワークみたいなんで続けないか」と言われたこともあったが、リモートでは作業量を把握できないため会社側の要求がどんどん膨れ上がっていく様子をみてきたため、子育てをしながらリモートでSEの仕事を引き受けることは難しいと感じている。では、ほかの仕事をするつもりはないのだろうか。

ちょっと落ち着いたら、何か家でできる仕事とかあればしたいなと思ってるんですよ、うーん。まあ無理やったら、この子が幼稚園入るくらいには何かしら。とにかくやっぱり、少しでもお金がねえ、少しでも収入が増えればと思ってます。

竹本さんの事例からわかったことは二つある。まず、専業主婦で稼得力がない点が当事者にとってネガティブな状態として理解されていて、夫の顔色をうかがったり、家事の分担を強く要求できなかったりと夫との関係に影響を与えていること。次に、仕事をしていたときのほうが子どもを保育所という公的なサポート機関に預けられるため、保育所も夫も一緒に子育てしている実感を得ることができていたということだった。

4　社会から取り残されていく感じ

続いて七年の専業主婦生活からパートに再就職を果たした事例をみていきたい。夫と八歳と五歳の息子と暮らす山根さん（三十代後半・パート・埼玉県在住）は、東京の大学で福祉を学び、社会福祉士の資格を取得したあと、保険会社の営業職に就職。一年間勤め、「誰かの役に立つ仕事」がしたいと福祉系事業所に契約社員として転職した。ＳＮＳで出会った夫と同棲を始め、二〇〇九年に二十五歳で結婚。一一年に契約満了後正社員としてデイサービスの仕事に就くが、試用期間中に長男を妊娠。育休は取得せずに退職し、二十七歳から七年間専業主婦をしていた。一九年の春からパートとして障害者の就労支援施設に再就職したばかりだった。

さて、山根さんはなぜ育休を取得せず退職を選び専業主婦になったのだろうか。もともと山根さんは両親が共働きだったために専業主婦のイメージがつかず、出産後もキャリアの継続を希望していた。ところが正社員の試用期間中に「つわりがちょうどすごくひどくて、欠勤がもうものすごく、半分以上欠勤になっちゃったんで」、仕事を続けにくくなり退職することになった。つまり山根さんにとって、入社早々の育休取得は「粘れるメンタル」の人しかできないずうずうしい要求であり、企業側に申し訳ないという気持ちを含んでいることがうかがわれる。加えて、いったん仕事を休み子育てに専念することも悪くないという思いもあり、専業主婦になった。

夫は帰宅が二十一時や二十二時になる長時間労働。自分と夫の家事分担の比率については「一〇、ゼロですね」と答え、「家のことは何も触らない」という夫の家事スキルについては、「うーん。百点満点中三点とかですか」と答えていることからも完全なワンオペ状態であることがわかる。そして、長男の子育て中は楽しいことが多かったが、次男出産後は長男が赤ちゃん返りをして「孤独というか、一人でどうにもならないっていう感じに」なって大変だったという。子育てのサポートについては、実母はまだ働いているため実家には頼れず、義父母が幼稚園のイベントに顔を出してくれる程度である。子育てサロンは月一ペースで通ってはみたものの、次第にフェードアウトした。その理由を自身の「性格的なもの」と語り、当時は「ネガティブだった」ため「ほかのうまくやってるママを見ると落ち込んじゃったりとかして」いたという。

なんかもう、全然勝手な思い込みですけど、あのママはすごい子どもと接するのが上手だ、みたいな。きっと、怒ったりしないんだろうなとか、イライラしたりしないんだろうなとか、そういうことを考えちゃうと、私はなんて駄目な子育てをしているんだ、みたいになっちゃうときがあったので。

このように、山根さんは子育てサロンで子育てがうまくできているようにみえる母親を目にして劣等感を抱き、比較をすることで疲れてしまったと語った。そして第二子の幼稚園入園を機に、希望していた障害者の就労支援の指導員の仕事に就く。山根さんにとってそれは経済的な理由というよりも、社会福祉士の資格保持者として福祉に携わる仕事がしたかったからである。就職後に子どもたちから「なんでお母さん仕事したのとか、仕事しないほうがよかったって言われて」「ちょっと悩む」ことがあったが、「なんかやっぱり、仕事が楽しいって思っちゃっているので、辞めたいとは思わなかった」と、子どもたちの不満よりも仕事のやりがいを優先したと明かしている。ここで調査者は、専業主婦時代の気持ちを尋ねている。

専業主婦だったとき。うーん。なんかやっぱり、たまに学生のときの友達に会うと、まだ学生の友達って結婚してない子もいるし、子ども産んでない子もいて、そうするとやっぱり仕事をバリバリしてるんですね。なんかそういう子を見ていいなとか。すてきだなと思ったりしましたね。

自分が仕事をしていないぶん、仕事をしている同級生が輝いてみえたという。山根さんはこの調査の五カ月前に仕事を始めたばかりだが、その心境の変化を尋ねると次のように語った。

うーん。でも、まだやっぱり、仕事してるとはいっても、時間短いし、そんなに専業主婦から脱したっていうようには思ってなくて。専業主婦のいいところは、やっぱり子どもに合わせられる。子どもの近くにいられる。私はそういう親ではなかったので、子どもの近くにいて、ごはんを一緒に食べたりとか、たわいもない話をしたりとか、子どもの変化とかも気にできるっていうのがいいところかなというふうに思っていて。でもやっぱりその、社会から離れてることで、社会から取り残されていく感じとか、自分のなかで感じるものはいろいろあるけど、子どもにとって悪いことではないのかなと思って。

山根さんにとって専業主婦でいることは「社会から取り残されていく感じ」がした一方で、子どものためにも母親が近くにいることはいいことだとも感じているアンビバレントな機微を見て取ることができる。だからこそ、今後のキャリアの見通しについては次男が小学校高学年くらいになるまでは現在の働き方のままでよく、その後「チャンスがあるならやっぱり正職員でチャレンジしたいなっていうのはある」と明かした。

山根さんは社会福祉士の資格をもちながら七年間の専業主婦を経てパートで再就職を果たした。この事例からわかったのは次の二点である。まず、親が子どもにとっていいと思うことと親自身のやりたいことを折衷できる働き方がパートであるということ、次に、専業主婦でいることはケア役割を主に引き受けることだと自覚はしているが、他者との比較のなかで社会から取り残されていく感覚も味わっているということだった。

5　パートという最適解

ここまで、関根さん、竹本さん、山根さんの事例をみてきた。これらの事例を通して明らかになったのは、正規のフルタイム就業に現実味がなかったということである。その理由として三つの要因があげられる。まずはケア資源の乏しさ、特に夫の家事・育児への不参加（関根さん、竹本さん、山根さん）、次に家族プランの優先（関根さん）、最後に復職のハードルの高さ（関根さん、竹本さん）である。では、働くことを全く考えていないのかといえば、関根さん、竹本さんはともに「落ち着いたら」と共通の表現を使っていずれはパートか内職をと漠然と考えていた。つまり二人にとって現在は子育てが最優先事項であり、再就職に関しては現時点からまだ距離があると感じているため具体的なイメージを描く必要がないのである。

また、竹本さんと江口さんの事例のように、専業主婦でいることによる稼得力のなさは夫や社会への負い目につながっていた。その負い目があることで、家事・育児分担についての夫との交渉力や自由な買い物などの裁量を弱めていた。つまり、子育て主婦にはケア役割意識だけではなく、

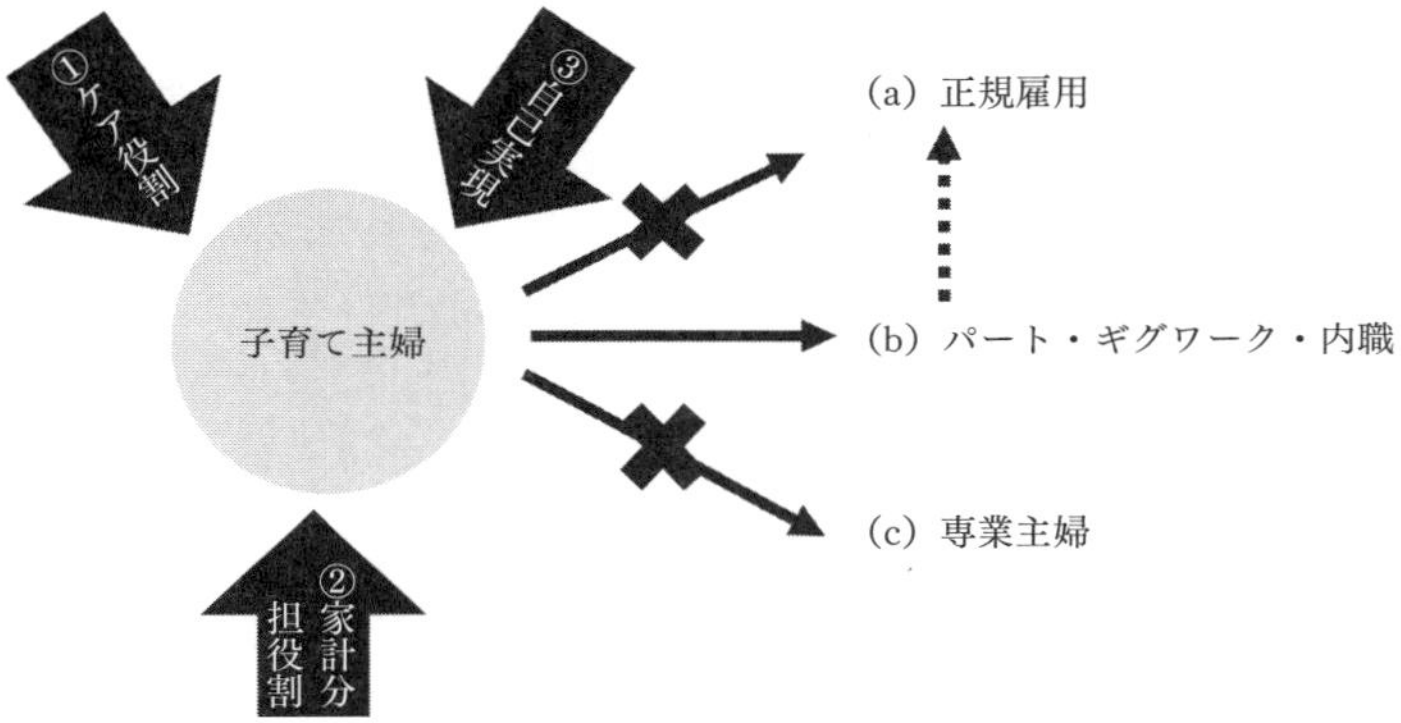

図1　子育て主婦の役割期待とキャリアの方向

「家計の足し」程度には稼いでくるという役割意識（以下、家計分担役割意識とする）が少なからず存在しているために、それらの期待に沿えないことが負い目の一因になっていた。

一方で、実際に子どもをもったあとに就業した経験がある対象者の語りからは、働くことは稼得力を高め自信を深めるだけでなく、子どもを保育所に預けることによる保育士や夫との「子育ての協働」経験を得ることにもつながっていた。とはいえ、母親が身近にいたほうがいいというケア役割意識も依然としてあり、働く同級生をすてきだと感じるような自己実現への期待の影響を受けながらも、多重化した役割期待の間で揺れ動いている様子がうかがわれた。

以上の考察を図式化したものが図1である。子育て主婦は①ケア役割、②家計分担役割、③自己実現の三つの役割期待を社会からも内面からも感受している。

そもそも子育て主婦が見通すキャリアの方向は、考えられうる選択肢として三つあるはずである。①正社員になること、②パートなど非正規の仕事に就くこと、そして③専業主婦でいつづけることだが、本章で注目した主婦はみなパート就業など非正規で働くことを考えたり、実際に就いたりしていた。そして正社員という狭き門をあえて突破しようとする者はいなかった。同時に、専業主婦でいつづけることを選ぶ者も皆無だった。

冒頭の問い、子育て主婦はどのようなキャリアの見通しをもっているのかについては、融通がきくパートにいずれは就きたい、もしくはパート就業を継続したいと考えていると答えることができる。事例を通してつかんだその合理的な理由としては、パート就業が三つの期待（ケア役割、家計分担役割、自己実現）にすべて応えられる最適解だからである。そして山根さんの事例のように、いざパートを始めると、子どもが落ち着いたころに正社員に挑戦してみたいと考えるようになっている点も重要である。[10] キャリアの方向として、パート経験で自信をつけ、正規雇用に就くという就業形態コースの可能性も開かれているということを意味するからだ。

以上、子育て主婦の就業に対する意味づけと合理性に迫った。これまでのワークライフバランス研究は、出産・育児期に継続就業する正規雇用者同士の共働きカップルというごく一部の層を重点化した分析と政策提言になってきたのだが、[11] 本章でみえたのは、分析対象の外に追いやられた子育て主婦の合理的な最適解は「そこそこ働くパート就業」であるということだった。

6 新自由主義と子育て主婦

ここまでの議論をふまえ、本章で得られたインプリケーションについて触れてみたい。まず意外だったのは、本章で注目した子育て主婦のすべてがキャリアの見通しとして専業主婦という選択を示さなかったことだ。「主婦こそ解放された人間像」（一九七〇年代）、「社縁社会からの総撤退」（一九八〇年代）、「生活者運動論」や「家事の「進歩的側面」の再評価」（一九九〇年代）といった言葉でかつて表現されてきたような、近代産業社会に対抗する足がかりとしての私的領域の担い手である専業主婦イメージは、当事者の選択肢としてもはや浮上してこなかったのである(12)。

それでは、専業主婦イメージはいったいどこへいってしまったのだろうか。「蓄積の新形態は女性の賃労働の上に築かれている(13)」というナンシー・フレイザーの指摘どおり、社会的条件を考慮しないままの新自由主義的な「女性の活躍推進」は、女性間格差、性別分業を維持したまま、周辺労働者を市場に提供することにも関わっている。さらにウェンディ・ブラウンによれば、新自由主義は女性を周辺労働者化するだけでは飽き足らず、家庭や地域にまで触手を伸ばし、これまでケア提供者として「不可視の基盤」とされてきた女性たちが担ってきた行為をますます個人化・不可視化し、市場と家庭の両領域でのジェンダー化が強化されているという(14)。

本章でみてきた子育て主婦たちは、まさに「稼げ、ケアせよ、自己実現せよ」という三重のプレッシャーを受け取っていた。選択縁のネットワークである「女縁」[15]で横につながることもなく、自分を他者と比較しながら孤独な子育てを無償で担い、ケアの役割と責任を背負ったまま、いずれは周辺労働にかりたてられていくのである。そのさまは専業主婦イメージの弱まりを意味し、主に専業主婦が培ってきた社会的な「溜め」[16]としての私的領域に新自由主義が侵食する過程でもあるともいえる。

だからこそ最後に問うてみたい。公的領域を含めた私たちの全体社会は、経済的な価値に還元されない選択肢を構想する余地を、どこかに残しているだろうか。

注

(1) 内閣府男女共同参画局『男女共同参画白書 令和4年版』内閣府、二〇二二年

(2) 本章では主婦を①夫の稼ぎに経済的に依存し、②無償で家事労働をおこなうことに責任をもつという二つの要素を満たした既婚女性と定義する。また本章で用いる子育て主婦とは、出産・育児期(末子出産から就学までくらい)、ポスト育児期(末子就学から高校卒業までくらい)のライフステージにあたる主婦を指す。NFRJ18質的調査のインタビューデータセット百一ケースのうち、子育て主婦に該当したのは専業主婦(九ケース)、パートなどの非正規の仕事に就く主婦(八ケース)の計十七ケースだった。

(3) 小笠原祐子「有償労働の意味——共働き夫婦の生計維持分担意識の分析」、日本社会学会編「社会学評論」第五十六巻第一号、日本社会学会、二〇〇五年、一六五—八一ページ、岩間暁子『女性の

ほか

と仕事の社会学——女性の働き方は変わったか』(現代社会学ライブラリー)、弘文堂、二〇一四年、

就業と家族のゆくえ——格差社会のなかの変容』東京大学出版会、二〇〇八年、西村純子『子育て

(4)三具淳子「初職継続の隘路」、岩田正美/大沢真知子編著『なぜ女性は仕事を辞めるのか——51

55人の軌跡から読み解く』(青弓社ライブラリー)所収、青弓社、二〇一五年、八二—八三ページ

(5)榊原圭子「専業主婦の再就業」、同書所収、一六五、一九六ページ

(6)岩田正美「おわりに」、同書所収、二二三—二二九ページ

(7)前掲「専業主婦の再就業」一七二ページ

(8)周燕飛『貧困専業主婦』(新潮選書)、新潮社、二〇一九年

(9)もう一人、竹本さんの参照事例として、子育て主婦の定義に該当しない江口さんを取り上げている。

(10)パートなど非正規就業中の子育て主婦八人のうち、「いつか正社員に」と答えたのは山根さんのほかに二人がいた。

(11)松田茂樹「少子化対策における家族社会学の貢献と今後の課題」、日本社会学会編「社会学評論」第六十六巻第二号、日本社会学会、二〇一五年、二七四ページ

(12)これらの専業主婦イメージは、順に、武田京子(に焦点を当てた上野千鶴子)、加納実紀代、天野正子、木本喜美子によって論じられてきた。

(13)ナンシー・フレイザー「フェミニズム、資本主義、歴史の狡猾さ」関口すみ子訳、「法学志林」第百九巻第一号、法政大学法學志林協会、二〇一一年、四六ページ

(14)ウェンディ・ブラウン『いかにして民主主義は失われていくのか——新自由主義の見えざる攻撃』中井亜佐子訳、みすず書房、二〇一七年、一一八—一二一ページ

(15) 上野千鶴子編『「女縁」を生きた女たち』(岩波現代文庫、社会)、岩波書店、二〇〇八年

(16) 湯浅誠『反貧困——「すべり台社会」からの脱出』(岩波新書)、岩波書店、二〇〇八年

第9章　家族は余暇をどう過ごしているのか

——What game shall we play today?

戸江哲理

1　余暇から家族を考える

家族社会学が家族について検討するとき、そのネガティブな側面というか、問題に着目することが多いように思う。「子どもの貧困」「ワーク・ファミリー・コンフリクト」「ヤングケアラー」などは、そもそもイシュー自体が（社会）問題として規定・提起されているわけだし、介護、子育て、結婚、さかのぼって恋愛についての研究にも、それらに潜む問題点をあぶり出し、その解決を模索する指向性をもったものが少なくない。

他方で、市井の人々が——あるいは家族社会学者も私人として——自分の家族について考えるときには、また少し違ったマインドをもつことも多いだろう。例えば、土曜日の朝に「今日はみんなで何をして遊ぼうか」と、胸を躍らせながら考えを巡らせる人もいるはずだ。テレビをつけてみても、自動車内で、レストランで、あるいは遊園地で楽しむ家族が登場するCMのなんと多いことか。それが現実そのものだというつもりは毛頭ないが、そこに家族で過ごす休日の一つの答えを見いだす人々の存在抜きに、このようなCMが連綿と作り続けられてきたことの説明はつかないだろう。

半世紀以上前、ウィルバート・E・ムーアは「週末や定期休暇に一家でレクリエーションの旅行に出たり、家族揃って親類を訪ねたりすることは、「一緒」に物事をするという和合の象徴である[1]」と書いたが、家族で一緒に休日を過ごすことは現代（日本）社会でもなお、家族だんらんの象徴でありつづけているのである。

これは、今回のインタビュー調査に協力してくれた人たちにも当てはまるようだ。というのも、今回のインタビューガイドではこうしたレジャーやレクリエーションに関する質問はもともと用意されていなかったにもかかわらず、生育家族や創設家族についての語りのなかに、それらはたびたび登場したからである。例えば、小笠原さん（五十歳代・女性・無職・宮城県在住）は、子どもたちが幼かったころの創設家族について、夫は仕事の都合で転勤が多く、単身赴任も長かったと述懐しながら、「ただ、うちの人と子どもたちは、年に一回、〔小笠原さんの〕実家でバーベキューをするんです」と言って、次のような思い出を語ってくれた。

やっぱ敷地広いんで、実家は。そうすると、そこで父が畑からもいできたトウモロコシとか、私たちがこっちから買っていったホタテとかでバーベキューをしてくれるので、その、火起こしとか、その火を扱うことをうちの人とか、あの、私の父から、子どもたちは、危ないとか、こうすれば火が起きるとか。

普段はなかなか一緒に過ごすこともできない父親と、祖父母の広い家で、畑で獲れたばかりの野菜を使ってのバーベキュー。普段はなかなか子どもたちと一緒に過ごすこともできない小笠原さんの夫にとっては、火起こしを教えてあげることもできて、「親子の絆」を確認できる貴重な時間になっていたことだろう。それはきっと、小笠原さんの子どもたちにとってもそうだったのではないだろうか。というのも、同じようなアウトドアの体験について、子どもの立場からポジティブに語ってくれた人もいたからである。

森山さん（三十歳代・女性・保育士・京都府在住）は、父親がアウトドアの愛好者だった。現在も実家のごく近くで自らの創設家族と暮らしている彼女には、私自身がインタビューしたのだが、生育家族の思い出として、外食や旅行と並んで、週末に近くのキャンプ場でキャンプをしたことや、冬にスキーに連れていってもらったことを、とても楽しそうに語ってくれた。まさに家族だんらんの思い出である。そして、森山さんは大人になったいまもアウトドアが好きで、それは父親がもたらしたこの幼少期の体験に由来すると考えていた。

家族社会学の教科書を開くと、タルコット・パーソンズが、近代社会での家族の機能は成人の情緒安定機能と子どもの基本的な社会化機能の二つに集約される(2)と述べたと書かれているが、余暇の過ごし方はその両方に深く関わっている。ここまでの例がそうであるように、家族と一緒に行楽に出かけるのが楽しいという人は多いだろう。また、小笠原さんの子どもたちが火起こしを学んだように、家族で過ごす余暇は子どもが親やきょうだいから学ぶ、家庭教育の時間になってもいる。

さらに、家庭教育という概念をより広く捉えるなら、家庭での余暇の過ごし方そのものが、世代を超えて継承されているという可能性も、森山さんの語りからは示唆される。私たちが、自分自身が好きで選び取ったとすっかり思い込んでいるレジャーや趣味は、実は生まれ育った家庭のなかで、陰に陽に身につけてきたものなのかもしれないのである。

こう考えを進めていくと、余暇という側面から家族にアプローチすることに一定の意義が認められるだろう。それは、人々の生き方や暮らし方に少なからず関わっている。本章では、家族が余暇をどんなふうに過ごしているのかに焦点を当てて、協力者たちが語ってくれたことをみていきたいと思う。

2　家族にとっての余暇の過ごし方の意義

家族の余暇の過ごし方として協力者たちが語ってくれたものには、やはり広い意味での行楽が目立った。典型的には家族旅行である。自動車で五十日間をかけて北海道を一周したという人、年に四、五回も家族旅行に出かけるという人、また旅行といっていいのかどうかはわからないが、父親が勤める会社の保養所をよく利用していたという人もいた。帰省もしばしば似たような文脈で語られているようだ。キャンプやバーベキューなどのレクリエーションの活動をあげる人も多かった。日帰りのお出かけ、遊園地や水族館、プラネタリウム、科学館、近場の景勝地、もっと身近なところではショッピングモールや市民プールをあげる人もいた。珍しいところでは、父親が「材木屋」をしていたため、家族でドライブを兼ねて山に行っていたという人もいた。

このように、休日の過ごし方として、いわゆるアウトドアの範疇に入るものは多かった。他方で、少数派ながらもインドアな余暇の過ごし方について語る人もいた。例えば、休日は静かにインターネットで動画を見ていたいという人や、(子どもに隠れて)ゲームをしていたという人がいた。さらには、父親が「資格マニア」で(なんと四十個もの資格をもっている!)、休日になるといそいそと近くの大学図書館に出かけては勉強していたと語ってくれた人もいた。余暇を「遊ぶ」ために使っている人ばかりとはかぎらないのである。

余暇の過ごし方は実にバラエティーに富んでいて、まさに質的データの感がある。実際、家族の余暇の研究での「センシティブな質的観察」(3)の重要性が説かれたこともある。そこで、ここでは今回の調査の強みを生かして、余暇に対する人々の「意味付与」の側面に注目したい。つまり、「家族にとってその余暇の過ごし方はどんな意義をもっているか」を考えてみたい。

とはいえ、バラエティーに富みすぎているのもデータとして扱いづらいところだ。やはり補助線が必要だろう。ここではそれを渡辺秀樹の、その名も「家族と余暇」(4)という一九七七年の論考に求める。この論考は、コンパクトながらも、家族と余暇に関する、それまでの主要な社会学的な研究の成果を咀嚼したうえで、家族の余暇の過ごし方をいくつかのタイプに整理し、さらにそれらのタイプが家族が過ごす年月に伴って、どう推移するかも検討した、行き届いた内容になっている。この年代物の論考がなお、フレームワークとして採用するに足ると判断する理由の一つはここにある。

また、系統立った議論という意味で、この渡辺の論考をしのぐような後年の研究を見つけることができなかったということもある。それは渡辺がしつらえた枠組みの堅牢さを示すとともに、意外にも日本の家族社会学では、家族と余暇というトピックの研究がおしなべて低調だったことをも意味しているだろう。本章の検討が、その進発に向けて微力ながらも刺激になればと思う。

3　家族の余暇を分類する

さて、渡辺は家族の余暇を大きく四つに分類する（表1を参照）。分類の軸は三つある。第一に、その余暇行動が家族みんなでするものか、個々人でするものか。第二に、その余暇で満足を得るのが特定の個人なのか、それとも家族全員なのか。渡辺はこの第二軸とは別に、「自分以外の家族の誰かの満足に寄与しているかどうか」という第三軸を観念する。例えば、家族みんなで日曜日に遊園地に行ったとしよう。父親も母親もその遊園地に行くのが待ち遠しくて、子どもたちと同じように楽しんでいたとすれば、第二軸は「集合的」、第三軸は「有」となって、これは第一類型の「家族協調的余暇」になる。対して、子どもはその遊園地を思う存分満喫しているが、本当は翌日に出張があるので、どうせ行くなら土曜日がよかったのにと、父親が内心では不満を抱いている場合は

表1　家族の余暇の類型

	行動パターン	余暇欲求の充足パターン	家族機能への貢献の有無
家族協調的余暇	集合的	集合的	有
家族サービス	集合的	個人	有
家族貢献的余暇	個人	個人	有
家族葛藤的余暇	個人	個人	無

（出典：渡辺秀樹「家族と余暇」〔松原治郎編『余暇社会学』（「講座余暇の科学」第1巻）所収、垣内出版、1977年〕155ページの表を一部簡略化）

第二軸が「個人」、第三軸が「有」となって第二類型の「家族サービス」になるだろう。

その家族の誰か一人にしかインタビューしていない今回の調査では、家族協調的余暇なのか、それとも家族サービスなのかを見極めることは厳密にいえばできない。あくまでも一人の主観を通じてのものだが、父親（夫）が多忙や仕事内容のために休日が限定されていた人たちの語りには、その貴重な休みが特別な日だという思いや、その日を家族で一緒に過ごした経験が含まれていた。冒頭で紹介した小笠原さんもその一人だが、足立さん（六十歳代・女性・無職・宮城県在住）もまた、駐在所勤務の父親にはほとんど休みがなく、家族そろっての外出は正月のときだけで、それは映画館に行って食事をして帰ってくることだったと語った。彼女は「尊敬する人」を尋ねられると、いつも「父」と答えてきたという。

家族サービスかもしれないと思えるケースもあった。三好さん（四十歳代・男性・会社員・兵庫県在住）の自宅でインタビューをしていたところ、その妻が外出しようとする。息子の野球の試合の応援だという。この日は練習試合だから三好さんは行かないが、翌週は「本番」なので三好さんも行くそうだ。ほかの学年の親たちは夫婦そろって応援とまではいかないようだが、たまたま三好さんの息子の学年の子どもたちの親に野球好きが多くて、「すぐ集まる」ことになってしまっているという。父親同士のつながりもあるのかという調査者の質問に、三好さんは「ちょこちょこ飲み会あるんですけど、あんま苦手」とそっけない。強制ではないながらも、暗黙のプレッシャーのなかで「付き合い」として夫婦で応援にいっているのかもしれなかった。

渡辺は、第三類型の家族貢献的余暇の具体例として、夫の日曜大工や妻の手芸・編み物をあげる。[5]今回の調査に協力してくれた人のなかにも、手先の器用な父親が庭にブランコを作ってくれ、自分たちだけでなく、近所の子どもたちもそれで遊んでいたという思い出を語ってくれた人がいた。これなどは、家族貢献的余暇を超えて、「地域貢献的余暇」とでも呼びうるものかもしれない。

最後の類型、家族葛藤的余暇の具体例として渡辺があげるのは、いまでは聞かなくなった（少なくとも私はこの論文で初めて知った）言葉だが、「ゴルフ・ウィドー」と「釣りやもめ」、あるいはギャンブルである。[6]いずれも夫が一人で熱中して、家族がないがしろにされ、それどころか家族（とりわけ妻）に負担をかけてしまうようなものというわけである。このような余暇の過ごし方についての語りも今回の調査では得られている。夫がパチンコやスロットなどに打ち込んでいたというのである。この方は、その夫とは離婚している。ほかにも離婚の理由として趣味の違いをあげ、趣味に対する金銭感覚が違ったと語った人もいた。家族葛藤的余暇はときに葛藤を超えた重大な帰結をもたらすこともあるようだ。

以上からもわかるように、この類型論にあっては、家族協調的余暇がまず目指されるべきものであり、家族葛藤的余暇が最も忌避されるべきものである。[7]その意味で、この類型論は価値中立的なものとはいえないが、人々も――現在でも――家族での余暇の過ごし方として、このような序列を思い描いているふしもある。例えば、幼いころから自動車が好きで、若いころはサーキットでのレースにさえ出場していたという丹羽さん（三十歳代・男性・会社員・愛知県在住）は現在、妻と幼い子ども三人と暮らしているが、独身時代に乗っていた自らのスポーツカーは手放してしまったという。そのことについて、次のように語っている。

ま、一人のときはいいですけど、まあ、一家の主なんで、自分一人だけじゃなくて全員が楽しめるように。ちょっと自己満足にはならないようにっていうのは気をつけてます。

自らの趣味が家族葛藤的余暇になってしまうことは家族にとって望ましくないという思い（「自己満足」）と、「自分一人だけじゃなく全員で楽しめる」家族協調的余暇が望ましいという思いが、ここでは語られているとみていいだろう。また、そこには「一家の主なんで」という、父親としての責任感も絡んでいるようだ。

ところで、今回のインタビューのデータとこの図式を突き合わせてみると、第一軸と第二軸について改善の余地があることに気づかされる。それは、一緒に行動し（第一軸）、その行動によって満足を得る（第二軸）、家族のメンバーの範囲に関わるものだ。すなわち、そこに普段は一緒に暮らしていない家族が含まれることもあるように思えるのだ。例えば、第1節で紹介した小笠原さんは家族でバーベキューを楽しんだ話をしてくれたが、それは小笠原さんの実家でその父母（小笠原さんの子どもからみて祖父母）と一緒に催されるものだった。実は、バーベキューの思い出を語ってくれた人はたいてい、祖父母や親族と一緒にそれを楽しんだと語っている。例えば、江口さん（三十歳代・女性・会社員・岡山県在住）は幼いころ、夏休みには父親の実家に帰省していた。そして、親戚の子どもたちと河原でバーベキューをしたことを楽しい思い出として覚えていた。それがむしろ、生育家族のいちばんの思い出だという。

このように家族協調的余暇には、自分たちの（核）家族（世帯）だけによる「家族だんらん」だけでなく、祖父母やいとこなども含めたいわば「親族だんらん」も存在すると考えたほうがよさそうだ。なかには、かなり意図的に親族だんらんを創出しようとしている人もいた。例えば、親戚が集まるのが結婚式や葬式だけだと寂しいと感じていた岸本さん（四十歳代・男性・会社員・埼玉県在住）は、自身が音頭を取って、祖父母の住まいがある場所で「親戚会」を始めた。この集まりのために、いとこたちとのLINEグループを作って、持ち回りで主催者を決め、毎年三月に実施しているそうだ。もう七年目になるのだという。みんなで、子どもたちが生まれた年やイベントがあった年、それにそれぞれの「今年の目標」を書き記した、大きな「家系図みたいなの」を作っている。実に親戚の集まりならではのレクリエーションといえるだろう。

辻本さん（七十歳代・男性・無職・鹿児島県在住）もまた、同種のイベントを催している。こちらは、辻本さん夫婦と、その三人の息子たちそれぞれの家族の四家族で、毎年の大晦日に地元のホテルに宿泊し、元日を親戚一同で迎える。驚くことに、四十万円にものぼるその料金は、すべて辻本さんが支払っているという。すでに退職している辻本さんにとって——いや現役でもそうだろうがる。——毎年四十万円は大きな出費のはずだ。このイベントにかける辻本さんの意気込みが伝わってくる。

4 家族の年月とともに移ろう余暇の過ごし方

第2節で少し述べたように、渡辺は、家族の余暇の類型が時系列的に推移するプロセスについても論じている[8]。いわく、新婚カップルは、独身時代とは違ってそれぞれが自由気ままに一人だけの楽しみに時間を費やすことはしづらくなる一方で、まだ子どもが生まれていないために、二人だけの時間を楽しむことができる。やがて子どもが生まれると、家族の余暇は子ども中心のものになり、夫婦は子ども（を楽しませること）に奉仕するようになる。近代家族の理念は、親たちをして家族サービスの比重を大きくさせる。

だからといって、幼子を抱える夫婦の休日が子ども一色に染め上げられるというわけではないことも、今回のインタビューからは浮かび上がってくる。例えば、子どもが生まれてからの結婚だった江口さんは、新婚当時は夫の実家に同居で、子どもが寝静まってから、夫婦二人で古い喫茶店を巡り歩くことが楽しみだったそうだ。こんなふうに育児サポートが得られる場合には、子どもが生まれてからでも家族協調的余暇が実現しやすいのかもしれない。先ほど、家族協調的余暇の妥当範囲を親族にまで拡張したが、この例は逆に子どもがそのメンバーに含まれない「夫婦だんらん」とでもいえるだろう。夜の喫茶店巡りに連れていったとしても、赤ちゃんは楽しめなかったにちがいないのだから。

子どもが青少年期に差しかかると、親たちと余暇を過ごす時間はしだいに減少し、子どもたち同士で過ごす時間が増えていく。渡辺はこれを「自律的な余暇」(9)と名づける。そのことに対する評価は親によっても違うようだ。子どもが幼いうちはしばしば家族旅行にいっていた森下さん（四十歳代・女性・公務員・東京都在住）だが、長じた子どもたちはそれぞれ自分たちだけで旅行にいくようになった。だが、森下さんはそのことを自分の時間ができたと肯定的に評価する。これに対して、子どもが幼いころは一緒にドライブに買い物にと出かけていた三好さんは、小学六年生になった息子が突如として付いてきてくれなくなってしまい、「もう冷たくなった」「だいぶ寂しいです」と語っていた。

もっとも、子どもサイドからは、また別様に映っているのかもしれない。家族旅行にも連れていってもらったが、むしろ友達と一緒にいるほうがよかったと語る人もいたし、母方の実家を家族で訪れた帰路、逃げ場がない自動車の車内で、母親がたいした理由もないのに激高し、飲み物を撒き散らすなどして大暴れしたという苦い思い出を語ってくれた人もいた。

子どもの離家が家族の余暇に大きな変化をもたらすことはいうまでもない。それは、夫婦の親としての役割が縮小することを意味する。子どもが結婚して孫が生まれると、子どもの家族との付き合いを通じて、親族だんらんタイプの家族協調的余暇や、家族サービスならぬ「親族サービス」を享受することになるだろう。子どもの家族との地理的な距離は、このような余暇の過ごし方の障壁になる。それを乗り越える工夫をしている人もいた。実家から遠く離れた沖縄の大学に勤める女性は、学会の開催地には夫・子どもと一緒に行き、そこに両親にも来てもらって、家族旅行という体にしているという。両親は喜んでいるそうだ。

この時期はまた親夫婦が高齢期を迎える時期でもある。子育てから解放されるだけでなく、リタイアすることも相まって、自由な時間が増える。夫婦のそれぞれが自律的な余暇を楽しんだり、夫婦が一緒に新たな生きがいを見いだして夫婦だんらんが復活したりするといった図を渡辺は描く(10)。子どもがいない夫婦ではあるが、夫婦だんらんのエピソードとして次のようなものがあった。先ほどの足立さんは独身時代にスキーとテニスに夢中だったが、けががきっかけでテニス一本に絞った。足立さんの夫も、結婚を機にテニスを始めることになる。当時の夫はずいぶん下手で、その「スポーツ音痴」ぶりは彼女の笑いを誘ったようだが、足立さんは夫にテニスを教え続けた。二人とも退職した現在は、夫婦でテニスに熱中している様子で、この長年の共通の趣味が夫婦の絆になっているようである。

足立さんの夫がテニスを始めたのは結婚後だが、むしろテニスがきっかけで夫と出会ったという人もいた。そんなふうに夫婦のなれそめに余暇の過ごし方というか、共通の趣味が大きな役割を果たしているケースはほかにもあった。特に印象的だったのは、私自身がインタビューをした神谷さん（三十歳代・女性・無職・京都府在住）である。京都府に生まれ育った神谷さんは、中学生のころに姉に連れられて、同級生とともに地元・京都のサッカーチーム、京都サンガの試合を見にいった。ほかのサポーターたちが温かく接してくれることにも感激した神谷さんは、その後足しげく試合に通い始め、熱烈なサンガサポーターになった。そこに将来の夫になる男性が現れる。熱狂的にフラッグを振る彼は親切な人でもあり、アウェーの試合の応援にいく際には、自分の自動車に神谷さんを乗せて連れていってくれた。

年齢は二十歳近く離れていたが、二人はやがて結婚する。現在も子どもたちと一緒に――それこそおなかのなかにいるころから――スタジアムを訪れている。もちろん、遠征にも参加する。話を聞いたご自宅も紫色（京都サンガのチームカラー）のグッズにあふれていた。毎年、サンガの年間の試合スケジュールが出ると、遠征のプランを組む。こうして神谷さん一家の一年のスケジュールも決まる。サンガは神谷家の中心にあるのだ。家族の余暇の時系列的な展開を捉えるにあたって、結婚前のデートまでさかのぼる意義はありそうである。

5　親子で受け継がれる余暇の過ごし方

神谷さんの熱烈なサポーターぶりに、私は息子さんにもサッカーをしてほしいかを尋ねたくなった。神谷さんは、「本人の能力次第ですかね」としたうえで、「こんだけ一緒に試合行ってたら、もうなんか根っからのサポーターになって部活とかしなさそうやなとか思ったりもするんですけど」と笑いながら話してくれた。

神谷家の場合はまだどうなるのかはわからないが、休日の過ごし方が世代を超えて受け継がれているケースは実際にみられた。例えば、お母さんがパウンドケーキやクッキーを焼いてくれていた江口さんは、いまは入学前の子どもたちと一緒にお菓子作りを楽しんでいる。前節でも紹介した丹羽さんもその一人だ。彼の場合、父親だけでなく、叔父もクラシックカーのファンで、彼の自動車好きはそこに端を発している。親戚会を開催している岸本さんは、第2節で紹介した父親が資格マニアで休日は大学図書館で勉強していた人でもあるのだが、岸本さん自身もいま、休日は資格取得のために勉強しているのだという。

こうしてみていくと、生育家族での余暇の過ごし方には、子どもが成長してから、あるいは自らの創設家族ができてからのそれらを水路づけている側面があるのではないかと思えてくる。余暇の過ごし方は、朝起きてから夜寝るまでの一日のルーティン、ごはんの食べ方などの習慣、門限に代表されるルールと同じく、個々の「家庭の文化」の一部を構成しているといえるだろうが、それは世代を超えて受け継がれることがあるのかもしれない。

例えば、辻本さんの話はこの予想をサポートしてくれるように思える。辻本さんは大の旅行好きだ。第2節で紹介した北海道を五十日間かけて回ったというのはこの人である（ちなみに、辻本さんのお住まいは鹿児島県にある）。そして、辻本さんはこの余暇の過ごし方は、旅行が趣味で、夫婦で中国や台湾にまで足を延ばしていた親たちの「まねをした」ものなのだと語った。しかも、旅行が好きなのは辻本さんだけはない。六人いるきょうだいのいずれもそうだというのである。辻本さんいわく、「おやじのそういう気風を受け継いでる」。

辻本さんだけが旅行好きになったというのなら、それは偶然だったかもしれない。だが、たくさんいるきょうだいがみな旅行を愛好している以上、むしろ辻本さんの生育家族には、旅行好きの子どもを育む思想・行動の様式が埋め込まれていたと考えるのが自然ではないだろうか。私が先に家庭の文化と呼んだのはそういうものだ。[11] 辻本さんの「気風を受け継いでる」という言葉はそれを端的に表している。

ここまでの議論は、余暇の過ごし方は世代を超えていわば「単線的に」継承されていくような印象を与えたことだろう。丹羽さんや江口さんのケースはそういってもよさそうだ。そこに丹羽さんの妻や江口さんの夫は出てこない。他方で、夫が生まれ育った家庭の文化と妻が生まれ育った家庭の文化は違うのだから、新しい家庭は夫婦それぞれの家庭の文化が溶け合う場にもなりうる。実際、家庭の文化の融合を意識的におこなっていた人もいる。二人の子どもを育てている荒川さん（三十歳代・男性・会社員・北海道在住）は、次のように語ってくれた。

> 生まれたときにお互いの家、文化も県も違うので、文化も何も違うので、自分自身が《ママ》残ってるして《ママ》もらってよかったことは、お互いやろうと。言い合ってやろうと。いやなことはもちろんやらないと。いいことを、お互いの両家のいいところを取り入れようと。俺だったら釣りに連れてってもらって楽しかったとか。そういうことでもいいので、こっちは誕生日のときこういうスタイルだった、「おお、それうちより楽しそうだから、それやろうよ」。

こんなふうに、夫婦でそれぞれが生まれ育った家庭の余暇の過ごし方としてよかったものを出し合って、誕生日の過ごし方、クリスマスの過ごし方、そして運動会の弁当の具などを決めてきたのだという。[12]

生育家族での余暇の過ごし方が、創設家族の余暇の過ごし方につながったケースをみてきたが、余暇がプライベートを超えて、仕事につながった人も何人かいた。自動車好きの丹羽さんがそうで、彼は自動車関係の短大を卒業後、現在はディーラーをしている。また、子どものころから動物と触れ合う機会が多かったことが、釣具店勤務という現在の仕事につながっていると考えている男性もいた。彼の親もまたそのように捉えているらしい。生育家族とは親だけとはかぎらない。三好さんは中学生のころに、兄がもっていたパソコンで友達とゲームを作っていたが、それを現在の「機械がらみ」の仕事に至る歩みの出発点と捉えていた。

6 人生を楽しむ・家族で楽しむ

前節の最後では、家庭での余暇の過ごし方と職業選択との結び付きが示唆された。ここで、家庭での余暇の過ごし方を一種の「文化資本」として捉えるという発想に至るのは社会学者として自然だろう。確かに日本でも、幼少期の趣味や習い事と、その後の学歴達成との間に相関が認められるという研究がある。[13]

だが、本章でみてきた家族の余暇の過ごし方が、その家族が位置する社会階層とどう結び付いているのか、今回のデータからはわからない（むしろ、社会階層とは関係がないようにも思えて、私はそこに面白みを覚えている）。本章のささやかな検討からいえることは、余暇の楽しみ方には家庭ごとの違いがあって、それが世代を超えて受け継がれたり、一種の家庭教育として子どもの将来に作用したりすることもある、ということくらいだろう。

また、本章の前半では、渡辺秀樹による往年の論考の枠組みを用いて家族の余暇を分類すると同時に、その枠組みに若干の修正と補足をおこなった。すなわち、家族だんらんを拡張した親族だんらんの存在と、逆にそれを縮小した夫婦だんらんの存在、および夫婦の共通の趣味をその結婚前から捉える視点の有効性である。

仕事も結婚も、子育ても介護も大切で、そのために、それらはときに私たちにとって大きな課題となる。だからこそ、重荷からのタイムアウトとしての余暇は貴重なものになる。人々は、休日に誰と何をして過ごすのかに思いを馳せる。「この週末は親子で釣りにいこう」「ゴールデンウィークは両親を連れて海外に行こう」「正月は家族みんなでトランプをしよう」といったように。そして、そのような余暇の過ごし方、大げさにいえば人生の楽しみ方を、家族は知らず知らずのうちに多少なりとも水路づけているのかもしれない。さて、私はこの原稿を書き終えたら、何をしようか。

注

（1）ウィルバート・E・ムーア『時間の社会学』丹下隆一／長田攻一訳、新泉社、一九七四年、一〇五

ページ
(2)タルコット・パーソンズ/ロバート・F・ベールズ『家族——核家族と子どもの社会化』橋爪貞雄/溝口謙三/高木正太郎/武藤孝典/山村賢明訳、黎明書房、二〇〇一年
(3)鷹取昭「自由時間の増大と家族余暇」「社会学論叢」第百十二号、日本大学社会学会、一九九一年、一三〇ページ
(4)渡辺秀樹「家族と余暇」、松原治郎編『余暇社会学』(「講座余暇の科学」第一巻)所収、垣内出版、一九七七年
(5)同書一四二ページ
(6)同書一四三ページ
(7)同書一四〇―一四一、一四三ページ
(8)同書一四五―一五五ページ
(9)同書一五二ページ。第2節で紹介したインドアな余暇の過ごし方もここに分類される。
(10)同書一五三―一五五ページ
(11)家庭の文化という視座については、戸江哲理「家族「する」ことの研究とエスノメソドロジー・会話分析——会話分析的研究 *Embodied Family Choreography* の家族社会学的意義」(家族問題研究学会編「家族研究年報」第四十五号、家族問題研究学会、二〇二〇年)一〇三―一〇五ページで、もう少し詳しく論じている。
(12)もちろん、夫婦間で意見が食い違う場合もある。アウトドアが好きな家庭で育った森山さんだが、「真反対」の環境で育った夫とは、子どものテレビゲームについての意見が合わない。彼女は「ゲーム反対委員会」だが、夫は聞く耳をもたないので、息子に将棋を覚えさせて、夫と対局するように仕

向けるという「作戦」を実行したそうだ。息子をゲームから引き離す作業に夫を巻き込もうという巧妙な作戦である。

(13) 片岡栄美『趣味の社会学――文化・階層・ジェンダー』青弓社、二〇一九年

第3部　家族と老いる／家族を思う

第10章　成人後の親子関係
——実の親・義理の親と関係が「よくない」人の語りから

田中慶子

1　成人後の親子関係への注目

一九九〇年代以降、成人した「子ども」とその親との親子関係——中期親子関係やオトナ親子関係といわれる——が注目されるようになった。「パラサイト・シングル」「友達親子」「一卵性母娘」などの言葉が流布し、成人同士の親子関係、特に母子関係の親密さが指摘されている。(1) 実際、現代の親子や家族は親密になっているのだろうか。「第四回全国家族調査」(NFRJ18)の質問紙調査では、自分の親・子それぞれとの関係を評価してもらっている。図1に示すように多くの人は、多くの関係を「良好」(四段階でいちばん良い評価)と回答していて、親よりも子どもとの関係で「良好」が多い。「どちらかといえば良好」も合わせればいずれの関係も九割近くの人が肯定的に評

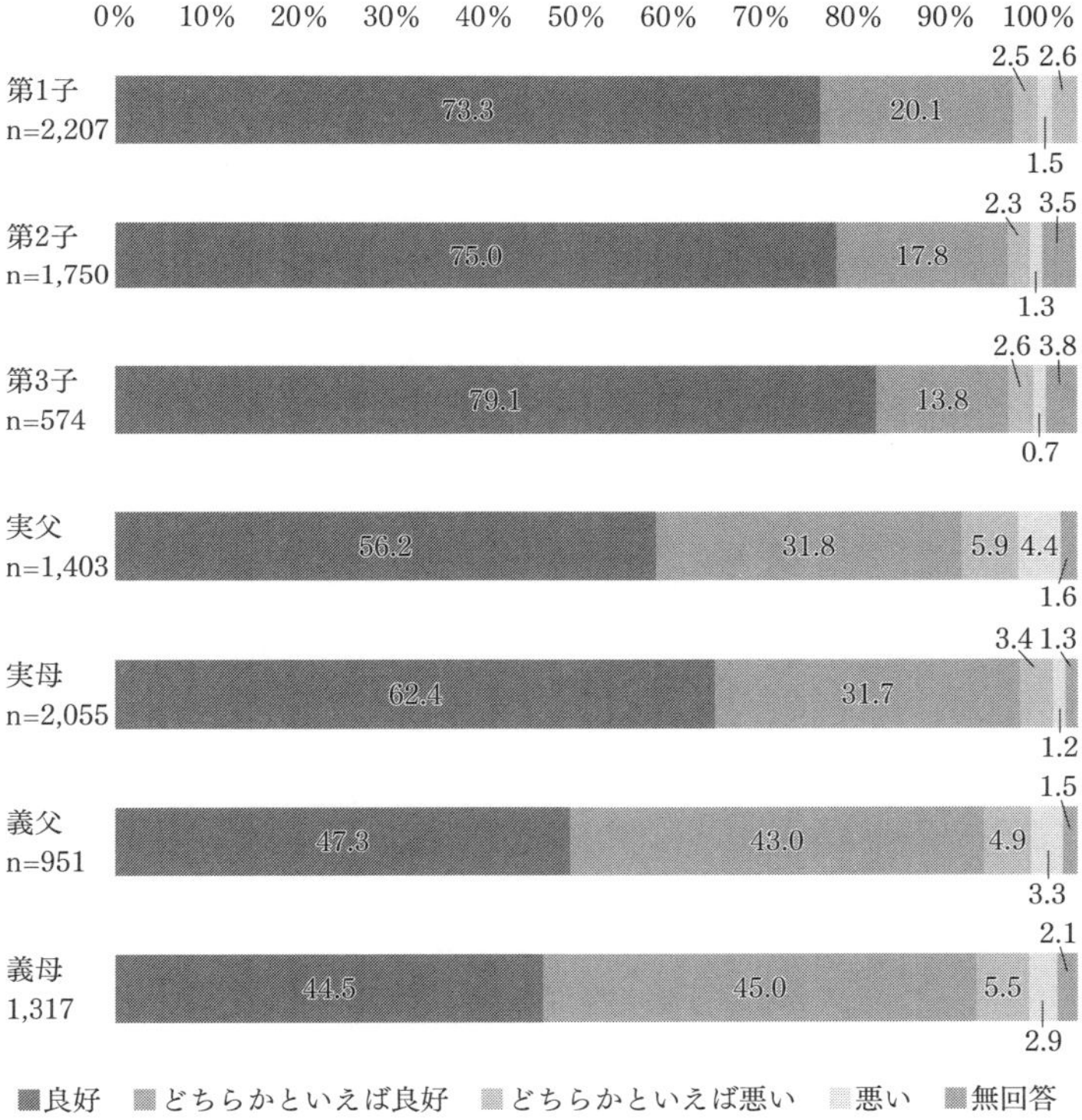

図1　親子関係についての評価（NFRJ18）

価しており、量的調査の結果だけをみると、日本の親子関係は全体的に良好であると評価できるかもしれない。

しかし、「この方との関係はいかがですか」という質問に四段階で評価しても、親子関係の実態を「正しく」測れたことにはならないだろう。すでにみたように、量的調査では家族との関係が悪いという人は一割程度だが、例えば親子関係では、子ども反抗期には、一時的にせよ緊張関係になることもあるし、離婚にまで至らなくても親夫婦が不仲な時期など、家族関係がうまくいっていないと感じることもあるだろう。

中期親子関係という時期は、長寿化や年金制度などの成熟を背景に、多くの人が、そして親子ともに互いに健康で自立した親子関係を長期間にわたり経験できるようになったことで出現した。成人子が三十代から四十代である中期親子関係では結婚や出産（親なり）といった大きなライフイベントが生じる。また親の退職や健康状態の変化などのさまざまな契機で、親子間でケアや経済的支援がおこなわれることが社会的にも期待されている。しかしイベント経験の有無、そしてタイミング自体もさまざまであり、中期親子にとって何が「問題」であるのか確定できない状況のため、特定の役割や標準がない「モデルなき」ステージでもある。[2] そして、あとからみるように世代間関係の規範は大きく転換し、親／子にとって親子関係の規範の想定が異なる、もしくは曖昧であるという面でも「モデルなき」時期だといえる。本章では、多くの親子関係が良好と評価されるなかで、親との関係が「よくない」という中年期の成人子の語りに注目し、中期親子関係がどのように経験されているかを検討する。

2 先行研究

親子関係の規範の変化

戦前の「家」制度下では、「忠孝」や「老親扶養規範」が明確であり、家長や年長者、すなわち親世代が優位であった。しかし「家」制度が廃止され、「民主的家族」が目指されるなかで、成人後の親子関係に関する規範は大きく転換している。森岡清美は、戦後の家制度の廃止によって、それまであった規範に変わるものとして、「親子関係とくに親と成人子との関係については、互いに扶け合うべきものとするのみで、それ以上のことは何ら規定しなかった」[3]と指摘する。昭和期は老親の経済力も弱く、成人子にも「老親は子どもに扶養されるべき」という意識が支持されていた。戦後は制度的にも親の扶養より子の扶養が優先になり、親子関係のあり方は親世代優位から「子ども中心主義」へと変化した。いわゆる「近代家族」では、子どもの養育を中心とした家族生活が実践され、家族における愛情＝情緒規範が普及・定着してきた。山田昌弘は、欧米と異なり、日本では成人後も子どもが離家せず、同居して親から子への援助が持続する背景に、母親の専業主婦化（ケア提供の保証）と親子間の親密性の高さ（正しくは成人子が定位家族の生活に非常に満足している状況）を強調する。[4]また杉井潤子は、戦後の家族関係の変化を「個人としての意識は希薄で、家族みんなで」という意識から、「家族であっても、わたしはわたし」という変遷があったと整理している。[5]

同時に、このような親子関係の出現は、長寿化や高学歴化、未婚化という要因が重なった一九九〇年代以降、団塊世代が中期親子関係に到達した時期であるというコーホートの影響があることも重要である。団塊のサンドイッチ世代を対象に、介護について親世代と子世代に対する語りを分析した藤崎宏子は、従来の家族介護を支えてきた規範は揺らぎをみせ、各個人の選択と介護する／されるものの関係性の歴史により状況依存的に介護への関わりが決定されていること、ただし、この種の意識変化は一方向的なものではなく、同一個人のなかでも相矛盾する意識が併存しうると指摘する。[6] 戦後以降の日本の家族の変化のなかで、世代によって経験した関係のあり方は異なっていて、「家」制度からの転換時に比べて明示的ではないにせよ、近代家族化が進展する過程でも世代間の「文化衝突」が起こりうる状況である。[7] また、世代だけでなく、性別や出生順位（長男か否かなど）、さらには地域などによっても、親子関係の規範にバリエーションがあることにも注意が必要である。

なぜ成人後の親子関係は続くのか

戦後の家族変動のなかで世代間関係は、端的には親世代優位、子との同居による扶養・介護が規範的だった状況から、（相続などを除いては）制度的にも特に規定がない状態へと変化した。そのため意識のうえでも、また同居率などの実態からも、親世代優先の規範が弱化していったといえる。また年金制度の拡充や、二〇〇〇年から開始された介護保険制度など、社会制度や構造の変化によっても親子関係のあり方が変わってきた側面もあるだろう。

これまでの欧米の成人親子関係研究では、世代間断絶や世代間ギャップを背景として、成人後、とりわけ離家・結婚した子どもと実親がどのような交流をもっているのか、またどのような親子関係で安定的な関係が長期間持続するのかが関心を集めた。世代間関係を説明する代表的な理論である世代間連帯理論では親子関係を援助や価値観など六つの側面に分けて測定し、親子の価値の類似性、そして交流の多さが関係を継続させるという。[8] また春日井典子は、日本の母娘を対象として、娘が自身も親になるという「異時点での役割の共有」によって母親との親密性が高まることを明らかにした。[9] しかし、近年では親子関係の両価性（アンビバレンス）が注目され、規範や社会経済的地位との関係で親子関係の多面的な側面が検討されるようになっている。[10]

日本では、一九八〇年代以前は、成人子親子関係を対象とした研究は既婚子による老親扶養が中心であり、都市化や核家族化を背景に、同居よりも「スープの冷めない距離」にある親子関係が望ましいといわれた。[11] 同時に「家」制度の残滓として嫁姑関係の悪さが「家族問題」として認識され、家族の不和や緊張も議論の対象になっていた。[12] 二〇〇〇年代の計量的な研究からは、未婚同居子は有配偶子と比べて関係が悪く、離家や結婚しない状態は親子にとって葛藤の要因になっていることが明らかになっている。[13]

3　成人子の語りから

本節ではインタビュー協力者たちが語る「親／義親」との関係のなかでも、不和や対立、葛藤に関する事例を取り上げる。調査の主題は家族の生活史であり、必ずしも親子関係をテーマとしたインタビューではないが、ライフイベントや日常生活について尋ねるなかで親／義親との関係が「悪い」ことがいくつかのケースではっきりと語られている。ここでは三つのケースを取り上げて検討する。

ケース1　明確な葛藤——実母との関係が「悪い」

東北地方在住の四十代男性の中原さんは、妻方の親と近居し、妻と乳幼児の子どもを育てている。中原さんは五人きょうだいの長男（第二子）で、東北という土地柄「長男」であることを幼少期から意識していたという。専門職だった父親が八歳のときに急死したことで専業主婦だった母親が働き始め、長男≒家長として、また父親の職業を継承することを周囲からより期待されるようになった。青年期はきょうだいの問題や、本人の進学や就職も大変だったが、その後は常勤の高校教員になり、親元を離れて仕事中心の多忙な生活を送っていた。妻との出会いによってライフスタイルが一変、現在は仕事と家庭のバランス、家族との生活も重視するようになった。中原さんは結婚を決めてから調査時までの三年近くにわたり、実母と「絶賛、口をきいていない」状態だという。子どもも時代の母親のことを中原さんは「父を亡くして五人の子どもを置いてかれたので」「一所懸命」「育ててくれた人」と述べている。

一方で、やっぱりそういう状況だったので、うーん、毛を逆立てて周りから子どもたちを守ろうとするようなところもあって、「私があなたたちを守るんだから、あなたたちを守るんだから」っていうので、反発を姉とか妹なんかはしていたように思います。

定位家族のいちばんの思い出として、離家していた姉（当時、二十代半ば）と母との電話越しでの大ゲンカをあげている。そのため、家族間での言い争いが多かったのかを尋ねた。

面と向かっての口論というのはあんまりなかったかな。少なくとも、きょうだい間でのけんかっていうのはあんまりした覚えがなく、だいたい母との言い合いだった気がしますね。

家族全体、あるいは、きょうだい間で対立があるわけではなく、子どもがそれぞれに母親と対峙している様子であることを語っている。なぜそのような状況になるのか、中原さんは母親の態度に理解を示しながら、いつまでも「子ども扱い」することへの不満を述べている。

やっぱり「いつまでも子ども扱いする」なんだと思うんですよ。もう、もう親のフォローはいらないよ、自分たちでやってるんだから余計なことしなくていいよなんだけど、母にしてみれば、やっぱりずーっと子どもは子どもで、ま、余計なお節介をしたりとか、子どもなんだから私に対してこうしなさい的な要求とかがあったりして、やっぱりけんかになるかなー、というところですね。で、もうべつに母の擁護（ひご）の下で生活してるわけじゃないんですけれども、いまだにその、私が、なんだろう、生かしてやってるのにみたいなニュアンスの言葉がついポロッと出てきてしまうところがあるんですね。

成人子からみると離家や経済的に自立しても、母親が「いつまでも子ども扱い」して「親に対してこうすべき」という価値観を押し付けられていると感じている。母にとって自分がいつまでも「子ども」であることは変わらないと頭では理解していても、保護的・干渉的な態度に反感をもっている。母親は「家」制度的な価値観をもち、成人子でも親に従うべきと捉えているが、成人子きょうだいたちは親と自立した大人同士の関係を期待していて、その期待の不一致が葛藤を生じさせている。

三年間会話なしの状態が生じたのは、中原さんが結婚するときに母親とお金の話になったことがきっかけだった。

「いや、ちょっと俺も生活もあるし、これからのことがあるから、お金についてちょっと相談しなきゃいけないよね」って話をしてるなかで、母がプチンと切れたらしく、「勘当だ」と。ほんとに漫画のように勘当だと。
「もううちの敷居またげると思うな」っつうから、「わかった、んだば、そう言うならそれでいい」って言って、あとそのままですね、いまんところは。ほんでまあ、勘当されたほうが、俺はあまり自分に非がないと思ってたので、俺がわび入れるもんでもねえなと思ってるので。

中原さんは、「東北地方で長男である」自身の立場を理解し、母親の生活や将来のことを強く意識している。地域的にも長男が結婚したら同居（扶養）が当然と期待している母親と、新婚後の生活や家計は独立であるという認識の中原さんとの間に対立が生じたと思われる。
話の最後に調査全体を振り返って、中原さんは生殖家族と定位家族の関連について考える過程を次のように語っている。

自分がやってきたものを再現してしまうものなのか、うーん、裏っ返しとしてなかったものを埋めていく家族関係になるのかっていうのが、すごく興味もありつつ、まあ、ある意味おっかないところもあって、やっぱり自分にとってはあんまり自分の過ごしてきた家族を模倣したくないなっていうところが思いとしては結果的にある。べつに、家族が嫌いだったとか、自分んちがすごくいやだとか、そういう思いはないんですけれども、いまこの状態になってもけんかしてるからと思うんですけれども、あんまり自分の実家ってうまくいってたほうではないだろうなっていうのがあるんです。

母親は（地域的な背景もあり）伝統的な「家」の「長男」役割を期待しているのに対し、中原さんは生殖家族の生活を優先したいと考えており、両者のあいだに「文化衝突」がみられる。勘当されたといっても、中原さんはきょうだいを通してずっと母親のことを気にかけていて、「長男」役割を全面的に放棄しているわけではない。ただ、妻の親子関係、孫育てに協力的な義親と良好な関係が形成されていくなかで、定位家族を相対的に評価し、母親との価値観のズレを再確認している。

ケース2　明確な葛藤──義母との関係が「悪い」

首都圏在住の浅井さんは、フルタイムで働く四十代の女性で、夫婦と中・高生の子ども二人で暮らしている。浅井さんは学卒時に就職した会社で配偶者と出会い、結婚・出産後も（会社でほぼ初という状況で育児休業を取得しながら）一貫してフルタイムで働いている。実親とは近居で良好な関係だが、義母との関係が「悪い」。義父はすでに他界していて、夫の兄夫婦も義母との折り合いが悪いという。

浅井さん夫婦は週末も出勤する仕事のため、子どもが小さいときは義母が泊まりがけで世話をしてくれた。しかし子どもが成長してその必要がなくなっても、不定期に期間を決めずに義母が泊まりにくるという関係が持続している（義母からは同居を期待されているが、浅井さんが断固として拒否している）。義母の宿泊期間は非常にストレスフルだという。

具体的な内容は語らなかったが、義母との関係が悪くなったのはだいぶ前に実母のことを「ばかにされた」ことがきっかけだったという。

母〔義母〕はもう、ちょっと許せない人になってて。うん。だから、どんなことがあっても、どんなに優しく、もしされて、「私はちょっと〔心を〕入れ替えたわよ」って言っても、認められないところがちょっとあってのいまなんです。だから、たぶん、この先も、心が近づくことはないと思います。ただ、旦那の大切なお母さんなので、あのー、来るって言われれば、来てもらうし、駄目とも言えないし、言わないし。で、十日間は我慢して、「十日間で帰った。はあー」って言って、あの、そんな感じです、いつも。ま、そこはしょうがないですよね。〔夫を〕産んでくれた人なので。

しかし、浅井さんは「切れポイント」を迎えるまでは、自身が努力や我慢を積み重ねていたという。

いやなこともあるけど、でも、それは我慢、我慢と思ってやれたんですけど。うん。普通に、嫁、姑って、そんなもんじゃないですか。

お母さん〔義母〕もいい人だし、初めのうちは、私も歩み寄ってたんだけど、何か、そうでもなくて、何かすると、いつも、「昔は、昔は、私のころは、私のころは」、あとは、自分の旦那の小さいころの好きだったものばっか買ってきたりとか、「あの子が、これ、好きだから」みたいな、そういう、ちょっと何か、だんだんだんだん、こう、鼻につくようになってきて。

インタビューのなかでは、義母が泊まりにきたときに起こったさまざまなトラブルを語っていた。一方で、義母のおかげでフルタイムで仕事を継続できていることや、子ども（義母にとっての孫）への関わりに感謝もしている。そのような状況で配偶者はどのような関わり方をしているかと尋ねた。

あの、よくね、それ、〔友達などまわりの人にも〕聞かれるんですけど、うちの旦那は結構、公平な立場。なので、悪いほうには悪いって言ってるけど、でも、あんまり〔義理の〕お母さんに言ってない気がします。で、私ばっかの味方も絶対しない。なので、本当に中立の人なので。だから、愚痴っても、返答が、たぶん私が望んでる言葉は返ってこないので、言えない、言わない。うん。なので、まあ、旦那さんも、ほら、自分のお母さんの悪口は聞きたくないだろうから、まあ、言わないのがいちばんいいのかなって。よっぽどのときしか言いません、旦那には。

配偶者に愚痴を言うことは、親の悪口を聞かせることになるし、自分が望んでいる言葉がもらえたり、味方になってくれたりすることもないので言わないという。しかし浅井さんは友人や実親など、周囲には義母との関係をオープンに語っていて、浅井さんの心身を心配されてしまうほどである。週末の子どものケアや不定期の長期滞在を受け入れるのは、浅井さんが生殖家族を順調に運営することを優先しているためだろう。つまり、養育の補助と、配偶者との良好な関係を維持するためには義母に対する不満や愚痴は言わず、また義母の突然の滞在も受容するなど、自分の意思や希望は後景化させ、生殖家族メンバーの期待を満たす「ケアラー」になることを優先している。夫を亡くして普段は一人暮らしの義母の今後について尋ねると、浅井さんは以下のように語っている。

> 旦那さんのお母さんはもう一人だから、当然、子どもたちが見るのが当然なの。なので、まあ、〔浅井さんの夫である〕次男が多少、面倒見てるけど、長男、全く面倒見てないから、それだって、私的にはおかしいじゃんと思うわけですよ。「旦那さんが見てるんだから、長男さんもちゃんと見ないといけないんじゃないの。もう年も年なんだし」って思ってるから。どうなんですかね。〔家族を代々〕継いでいくものだって勝手に思ってるかもしれないですよね。でも、それが幸せでもあり、自分も、将来の不安とかって消し去ってくれるのかなとは思っちゃうんですけど、古いのかな、やっぱり（笑）。

浅井さん自身は「古いのかな」とごまかしながらも、将来の義母の世話は当然子どもがすべきであり、主に長男（義兄）が担うべきと考えている。また自身の老後も子どもに期待している面など、「家」の世代間規範と親和的な価値観をもっている。しかし、彼女のなかでは義母≒婚家よりも、生殖家族（子ども・夫）、実家のほうが大切であり、優先されるべきと考えている点で、伝統的な「家」制度とは異なる。義母の介護なども長男の関与を前提としながら次男も分担と考えている点や、嫁ではなく男性である実子を介護者に想定している点も「民主的家族」の価値観を反映しているかもしれない。年長者として親として自己が優先されるべきだという義母と、実親・生殖家族を優先する浅井さんとの間にも「文化衝突」が生じているが、高い緊張状態にある義母との関係を持続させる努力は、家族であれば（ケアを含め）関係持続に注力しなくてはならない近代家族の「愛情規範」の拡張であるとも考えられる。

ケース3　静かな緊張関係

関東在住の三十代の山根さん（女性）の定位家族は、父方の祖母と両親、きょうだい二人の六人である。現在は結婚し、夫と幼い子ども二人と暮らしているが、幼少期の定位家族の関係性について、共働きの両親にかわって自身の養育を主に担ってくれた祖母やきょうだいとは仲がいいものの、両親とは緊張関係にあったという。システムエンジニアの父親は忙しくて不在、土日も疲れて寝ていることが多く「一緒にいた記憶というのがあまりなく」、父親との関係は思春期から孫の誕生まで「口もきかなかった」。また保育士としてフルタイムで働く母親も、仕事が忙しいことは理解しているが「土日すごいイライラしてるなって、子どもながらに感じることが多く」「土日になると、母親の掃除機の音が怖かったっていうのが三姉妹共通の思い出」だという。「母親的にはいろいろやっぱり、一緒にいられる時間が限られてるからこそ、濃く接してくれたんだと思うんですけど、なんかあんまり記憶がなくて」と言い、また子どもからみて親の夫婦関係もあまりよくないと感じていた。

山根さんは就職や転職をしながら、同棲を契機に離家、その後、結婚、妊娠・子育ての過程で退職・再就職している。母親が自身を出産後、すぐに仕事に復帰していて、「うち、共働きだったので、祖母に育てられたっていう感じで」「母親にすごい甘えたとか、そういう記憶はなくて、どっちかっていうと祖母と妹たちと常にいたっていう認識で育って」いた。

山根さんも就職、結婚、出産、(一時的休職はあっても)就業継続と母親と同じライフコースをたどっていて、異時点で役割の「共有体験」をしている。[14] そのような過程で山根さんは母親との関係を以下のように語っている。

やっぱりその、大きくなるにしたがって、母はやっぱり同性ですし、いろいろ話もして、しやすい、将来のこととかも話したりとかするようになったので、だんだんもう変わってはきましたけど。でも、なんていうんでしょうね。なんかやっぱ、ほかのところに比べて、母親に何か頼ったりとか甘えたり、深刻な相談をするみたいな関係性ではなかった気がします。

母親がフルタイム就業だったため、モデルがなく「専業主婦になれるかな」と離職にためらいを感じていることからも、「働く母親」を否定するわけではないものの、母親に対して(他人やきょうだいと比べて)情緒的に親密な関係ではなく、子育ても義親のほうが頼りやすいという。大人になって母親と祖母（嫁と姑）の関係性を理解できるようになっても「実家に帰ると感じてますね。やっぱりここは他人なんだなって」と語る。

山根さんは前述の二人のように、大人になって親との関係がよくない明確な理由やきっかけを語ってはいないが、祖母との親密性が高く、母親に対しては「ブレーキ」がかかる。つまり、母親に対して情緒的な関わりや子育てを含めケアを求めることがためらわれていることがわかる。

4　親子関係が「よくない」ことを語ること

本章では、成人した子が親との関係を「よくない」という語りを検討してきた。「家」から「近代家族」へという変化のなかで親子関係の規範は曖昧になった一方で、「近代家族」化の進展に伴い、家事・育児とともに情緒的なケア（感情の再生産）を担うケアラーとしての母親を中心として、家事や家族だんらんなどの形態を伴った愛情表出が規範化されていった。ケアラーの不在や不足によって情緒的なケアを家族から獲得できないことは、個人にとって大きなリスクになっている[15]。また前期から中期で形成された親子の情緒関係は、今後、親の扶養や介護が必要になる時期の資源ともなる。そのようななかで親子関係が「よくない」ことを他者に語ることは、家族の愛情規範に抵触する部分があるため、単に不満を説明するだけではなく、これまで育ててくれたことへの感謝や、親の立場や思いも理解していることを示しながら語っていることが特徴的である。

成人子からみたとき、親の価値観とは相違があり、成人子は（義）親よりも生殖家族との関係を優先しているが、親の扶養や継承という伝統的な価値を否定するわけではなく、両者が併存している。「家族だから」親子関係を維持することは前提であり、親子関係を安定的に持続するために自分とは異なる親側の規範や期待を理解し、調整して、不調和な関係を受容できる自己認識に変えている様子が明らかになった。

今後の世代では「近代家族」モデルも変化し、また親子の年齢差、少子化、未婚化の進行によって人口学的な面でも、中期親子関係はさらに多様な状況になっていく。新たな状況のなかで親子関係がどのように変化していくのかに注目していきたい。

注

（1）中期親子関係についての代表的な研究として、宮本みち子／岩上真珠／山田昌弘『未婚化社会の親子関係――お金と愛情にみる家族のゆくえ』（〔有斐閣選書〕、有斐閣、一九九七年）がある。

（2）保田時男「成人した子どもと親との関係」、永田夏来／松木洋人編『入門 家族社会学』所収、新泉社、二〇一七年、一一八―一三二ページ

（3）森岡清美『現代家族変動論』（シリーズ・現代社会と家族）、ミネルヴァ書房、一九九三年

（4）山田昌弘『パラサイト・シングルの時代』（ちくま新書）、筑摩書房、一九九九年

（5）杉井潤子「現代社会における家族支援のあらたな展開」、ソーシャルワーク研究編集委員会編「ソ

ーシャルワーク研究」第四十三巻第四号、中央法規出版、二〇一八年、五―一八ページ

（6）藤崎宏子「中年期女性の世代間関係と介護――介護する／される立場」「語りの地平――ライフストーリー研究」第六号、日本ライフストーリー研究所、二〇二一年、五一―七二ページ

（7）岩上真珠「未婚期の長期化と若者の自立」、岩上真珠編著『〈若者と親〉の社会学――未婚期の自立を考える』所収、青弓社、二〇一〇年、七―二一ページ

（8）Vern L. Bengtson and Robert E. L. Roberts, "Intergenerational Solidarity in Aging Families: An Example of Formal Theory Construction," *Journal of Marriage and the Family*, 53(4), 1991, pp. 856-870.

（9）春日井典子『ライフコースと親子関係』行路社、一九九七年

（10）Karl Pillemer and Kurt Lüscher Eds., *Intergenerational Ambivalences: New Perspectives on Parent-Child Relations in Later Life*, Emerald Publishing Limited, 2003.

（11）那須宗一／湯沢雍彦編『老人扶養の研究――老人家族の社会学』垣内出版、一九七〇年

（12）佐竹洋人「中高年の家族の紛争」、望月嵩／本村汎共編『現代家族の福祉――家族問題への対応』所収、培風館、一九八六年

（13）例えば、田中慶子／嶋崎尚子「中期親子関係の良好度――発達的過程と相互援助」（稲葉昭英／保田時男／田渕六郎／田中重人編『日本の家族1999-2009――全国家族調査［ＮＦＲＪ］による計量社会学』所収、東京大学出版会、二〇一六年）。

（14）前掲『ライフコースと親子関係』

（15）山田昌弘『家族というリスク』勁草書房、二〇〇一年

［謝辞］本章で用いているNFRJ18は日本家族社会学会・NFRJ18研究会（研究代表：田渕六郎）が企画・実施した調査で、本研究ではver.2.0データを利用している。本研究はＪＳＰＳ科研費17H01006と20H05804の助成を受けている。

第11章　介護・相続にみる中年期以降のきょうだい関係とアンビバレンス

吉原千賀

はじめに

「大切に思ってはいるけど、うっとうしい」「会えばけんかしてしまうのに、ほってはおけない」というように、きょうだいに対するアンビバレントな気持ちが表明されることがある。人生の最終地点に向かう中年期以降では、さまざまな出来事を経てきょうだいとの関係はさらに複雑になりうる。本章では、このような中年期以降のきょうだい関係のなかのアンビバレンスに注目する。

1　アンビバレンスの顕在化と介護・相続

イングリッド・コンニディスら[1]は、家族関係のなかのアンビバレンスを単に個人の心理的な問題としてではなく、制度内の、もしくは制度と制度の間の矛盾として捉える。そして、それが社会構造的文脈としての社会規範や制度の矛盾によって引き起こされる点を強調した「社会学的アンビバレンス（sociological ambivalence）」概念を提唱している。本章で社会構造的文脈として注目するのは、一八九七年から一九四七年まで明治民法下でおこなわれていた家督相続制度と戦後に改正された民法である。家督相続制度では、基本的に長男がすべての財産を相続する一方、家族を扶養する義務を負っていた。娘しかいない場合は、年長者優先の規定から長女がその立場になる場合もある。いずれにしても、権利と義務がセットになっていて、それが制度として人々の間で共有されていた。

戦後の民法改正によって、相続については均分相続が明記されるなど、制度上きょうだいは平等とされる一方、親に対する扶養義務については「生活扶助義務」であり、自分の社会的地位や収入などに相応した生活をしたうえで、余力がある範囲で扶養するとされている[2]。すなわち、親の扶養に対する義務の度合いは、子どもたちそれぞれの社会的地位や収入が違えば異なることが制度上許容され、権利と義務は必ずしもセットではなくなった。ここに、相続ではきょうだいは平等とされながら親の扶養のあり方はきょうだいで異なることが許容されているという社会学的アンビバレン

	子どもの配偶状況と対象者との同別居	きょうだい構成
	娘2人（2人とも既婚、別居）	本人、妹、弟（未婚）：（義理のきょうだいは、本人夫、妹〔夫と死別〕、弟〔既婚、亡くなる〕）
	息子3人（3人とも既婚、別居）	姉、姉、姉、兄（2歳で亡くなる）、姉、本人：（義理のきょうだいは、姉、本人妻、妹、弟〔未婚〕）
	息子2人（2人とも未婚、別居）	兄、本人、弟（未婚）、妹、妹
	娘（未婚、別居）、息子（未婚、同居）	姉（未婚）、本人
	息子（未婚、別居）、息子（未婚、同居）、息子（既婚、別居）	兄（既婚、亡くなる）、本人、妹
	娘（既婚、別居）、息子（未婚、別居）、娘（既婚、別居）、息子（未婚、同居）	姉、兄、兄、姉、本人、妹、弟（未婚）

スがある。

きょうだいがみんな同じくらいの社会的地位や収入を得られた時代には、このアンビバレンスはあまり問題にならなかった。しかし大きな社会変動のなかで、例えば正社員になれたきょうだいとなれなかったきょうだいといった職業キャリアに端を発する経済的格差をはじめ、配偶状況、子どもの有無などに違いが生まれるようになってきた(3)。するとそれに連動して、きょうだいたちの間で親の介護への貢献度、あるいは親によるきょうだいたちへの関わり方の違いも生まれることになり、アンビバレンスが問題になりやすくなっているのが現代社会なのである。

加えて、人々の間には親の扶養、介護や実家のことについては依然として長男による老親扶養規範や長男責任規範などもみら

表1　分析に使用するケースの概略

仮名	出生年	居住地	性別	職業	配偶者の有無
天野	1947年	愛知県	女性	専業主婦	有
辻本	1947年	鹿児島県	男性	公務員退職	有
多田	1948年	神奈川県	男性	無職（大手企業〔製造業〕を定年退職）	有
河合	1959年	東京都 ＊現在、ご本人が単身赴任で福岡県に妻子を残し、東京都内で自分の姉と同居	男性	大手スーパーマーケットの正社員	有
小笠原	1964年	福島県	女性	パートタイマー	有
小原	1968年	兵庫県	女性	看護師	有

れる。制度が変わっても旧来の考え方が人々の間に根強く残っていたり、きょうだい間で制度に対する理解や考え方が違ったりすると葛藤を引き起こすこともある。このようなアンビバレンスや、それに伴うきょうだいたちの葛藤が特に顕在化しやすいのが、介護・相続のときなのではないだろうか。

そこで本章では、中年期以降きょうだいたちが介護や相続のときにどのようなアンビバレンスや葛藤を経験し、それにどのように対処しているのかを明らかにしていく。分析に使用するケースは、介護や相続について語る六ケース（男性三、女性三）である（表1）。

2　介護・相続のなかのアンビバレンスとその対処

きょうだい間での権利と義務のありようとアンビバレンス

未婚の姉と二人きょうだいの河合さんは、五年ほど前に単身赴任を始めてから現在まで、姉が相続した家で姉と二人暮らしをしている。しかし、姉とはずっとそのような関係性だったわけではない。河合さんは母親が健在だったころ、自分の持ち家があり妻子と住む福岡から単身赴任で東京に戻るため母親と姉が住む家に住まわせてもらえないかと聞いたときには、「おふくろのほうは、いいわよっていう感じだったんだけど、姉貴がね、いやがった」という。それは「相続がらみのことだね、たぶん」「なんかとげとげしいなっていう感じだったから、あ、こいつとは一緒に住めねえよ」「願い下げだと思って、やっぱ寮に住む」ことにしたという。このことをきっかけに「姉とは口利かない」ようになったと振り返る。当時、母親と住む家を建てるときに一部「姉貴がローンを組んだらし」く、「家主は姉」であるのに加えて、河合さんは福岡で家を建てたときに母親から三百万円ほどもらっていた。だから、長男の自分が帰ってくるというのを「姉貴のほうがいやがった、おふくろが生きてるときは」「なんか乗っ取られる的なイメージがあったんじゃないの」と推測する。そして「長男だからほんとは関わんなきゃいけなかった」と長男規範に言及しながらも「余計なこと言わずに」しばらく距離と時間をおき、「姉貴が相続しているようなもんだから」「姉貴が全部仕切っていいんじゃねえの」と介護と相続をセットで姉に任せた。

距離をおいていた河合さんと姉が再び話すようになったきっかけは十年前、闘病する母親を河合さんが頻繁にお見舞いにいくなかで姉とも会うようになったことである。母親の死後、河合さんは給料が下がっているのに子どもの教育費や住宅ローンを抱え「背に腹は代えらんない」と姉に「家賃二万五千円で何とかしてよ」という同居の依頼を、直接連絡するのは気まずかったので妻にメールで連絡してもらった。そのころ姉も早期退職してお金が必要だったからか、妻を通して「いいみたいよ」と返事が届く。こうして、一時は口も利かなかった姉と同居するようになった河合さんは、険悪になったときに距離をおき、姉と一緒にいなかったことは正解だったと振り返る。姉と同居するいまでも一緒にいて「姉貴面されると」「たまにいらっとする」とも言う。このような経験から、きょうだいとの関わりでは適度な距離感を保つことが大切だと主張する。

きょうだい「平等」規範と残る後継ぎとしての義務

三人きょうだいの長女である小笠原さんは、長男である兄を病気で亡くしている。亡くなった兄に子どもはおらず、妻（小笠原さんの義理の姉）が残された。長男の嫁だからといって長男である兄が亡くなって子どももいない義理の姉に「親の介護だけ押し付けるのは間違いだ」と妹に伝え、父親の近くに住む妹夫婦と分担して父親の介護をした。妹も自分も「どっちも長男に嫁いで」いて「条件は一緒」なのだから、父親の介護について妹に「近くにいるからあんただけやりなさいよ」とはできないし、もしそういうことをすると、妹夫婦だけでなく、彼らと同居する妹の「おしゅうとさんも「嫁である妹だけが実家の自分の父親の介護をするのは」面白くないと思う」と小笠原さんは言う。そして、「長男の嫁の役割をしていない」と自己評価する義理の姉のことも理解しながら、情報共有だけはおこなうことで義理の姉の長男の嫁としての立場を尊重している。そうするのは、小笠原さんも妹も長男に嫁いでいて義理の姉の気持ちが理解できるからであり、ここから旧来の規範が内面化されていることがわかる。義理の姉も父親が入院すると病院を訪ねてくれたり、兄の命日になると毎年お墓に行ったりしていることを知る小笠原さん姉妹は、現在も義理の姉と良好な関係を保っている。

このように、義理の姉に対してだけではなく、妹との関係でも父親との地理的距離の違い(4)、そして長女、次女という出生順位の違いよりも「長男の嫁である」ことが引き合いに出され、「条件は一緒」だとされているところから、小笠原さん姉妹にも小笠原さんの義理の姉にも家督相続制度に由来する旧来の規範が内面化されている様子が見て取れる。ただ、だからといって小笠原さんは長女の自分が父親の介護をメインでおこなわなくてはならないとは考えていない。父親との地理的距離にかかわらず妹と同じように介護しようとしているところには、きょうだいは平等という考え方もみられるなど新旧の規範が混在している。

長男の嫁である小笠原さん姉妹にとって義理の親の存在が無視できないものだとわかるのが、三年前に亡くなった父親の葬儀のときのエピソードである。小笠原さんは、喪主を決める際に「普段面倒見てたんだから、うちの息子で駄目なのか」と妹の義父に言われた。それに対して小笠原さんは、もし妹の夫を喪主にするのなら「私の主人の手前、私はお金出せない」が、小笠原さんの夫と小笠原さんの妹の夫の「二人とも喪主にすれば、私大手を振って葬式代出せる」と返したという。このやりとりから、妹が父親を介護できるのは妹の夫や義理の親の理解があってのことであるのと同じように、小笠原さんが父親を介護できるのも小笠原さんの夫の理解があってこそなのだという小笠原さんの考えがうかがえる。確かに、普段は近くにいる妹夫婦が父親の介護をしてくれていて、そこには妹夫婦と同居する妹の義理の親の理解もあっただろう。そのことをわかっていた小笠原さんは、離れて暮らす自分は集中して実家のことを「いろいろやって帰ってくる」ようにしている。「お互いに、こう折り合いをつけてる。じゃないと、向こうのね、おしゅうとさんも面白くないと思うんですよ」と語るように、妹の義理の親を立てるために妹と同じように父親の介護に関わってきたという自負もあっただろう。しかし、妹の義父が発した一言は、そのような小笠原さんの、妹の義理の親に対する思いや、きょうだいで同じように父親の介護をしようとしてきたこと、そしてそれには小笠原さんの夫の理解があったことなどへの理解や配慮が感じられないものだった。最終的に、きょうだいが同じように介護に関わったのだから平等にということで、きょうだい「全員喪主」という「変わったお葬式の仕方」をしている。(5) しかしこれはあくまでも一時的・形式的な平等であって、実際は責任の「重みも違う」し、「その後の責任も違う」という。具体的にいえば、当該地域では後継ぎである長女夫婦、つまり小笠原さん夫婦がお墓を守ったり親の親戚と付き合ったりといった「主たる責任を負う」ことに変わりはなく、後継ぎに義務だけが残ることを意味する。

長男の嫁という立場で義理の祖父母や父母の介護をし、三人の義理のきょうだいの相続を等分にしたという天野さんも、後継ぎに義務だけが残ると小笠原さんと同じことを指摘している。天野さんは自分のきょうだいではなく義理のきょうだい、つまり配偶者のきょうだいのことを語っているケースである。(6) 天野さんは、昔は田を分けるなんて「ばかなことをしてはいけない」と言われたが、いまは法律が「きちっとしてきて、きょうだいは等分に」となっていると語る。そして自分たちはまさにこの法律の変化への対応が求められる変わり目にあたる世代であり、それができるか否かの「ちょうどギリギリの線」だという。なぜなら、権利は現在の法律に従ってきょうだいで平等だが、「現実には、法事やっていかなきゃいけないのは長男」つまり、義務は旧来のように長男にだけ残っているので、実際にはきょうだいは平等ではないというのである。ここに、法律と現実とのズレ、そしてアンビバレンスがあることを指摘している。

このアンビバレンスに対して、夫婦でガンを患った天野さんは「いったん死ぬ覚悟したんだから」「もめること残すことのほうが大変」だと考え、「きょうだい文句がないように、きちっと法律どおりにしてもらった」と説明する。しかし、これでは先に指摘したように自分たち長男夫婦にだけ法事などの義務が残ることになる。この点について、天野さんは「法事でも何でもやって、おおごとにしなくって、集まるだけならやれる」と「割り切ったらね。すごく楽」であると、旧来から長男夫婦の義務とされていた法事への捉え方を変えている。さらに、天野さんは「主人のこと、お兄ちゃんお兄ちゃんって〔慕って〕来てくれるぶんだけ余分にもらったもの」とも考え、法事などをするときに長男だけが「持ち出さなきゃいけないとか」「いろんなこと思うけど、でもお金で買えないですよね。その慕ってきてくれるっていうのは」と語る。つまり、お金や土地は等分にして法事などはできるだけすると割り切り、慕ってきてくれるというようなお金では買えないものを余分にもらったと考えることでアンビバレンスに対処していることがわかる。また、きょうだいが争わずに相続できたのは、義父が「上手にまとめてくださった」ことと、天野さんの夫と義理の妹、亡くなった義理の弟の妻の三人みんながいるところで、家族だけで話し合うのではなく第三者の専門家である「銀行さんに入ってもらって」手続きをしたことのおかげだと説明する。結果、いままでも義理の妹や義理の弟の妻と女同士の関係がうまくいっていることが、天野さん夫婦にとっては「ありがたいご褒美だった」。

天野さんは、長男の嫁として義父の介護をして看取った翌年から、大病をした夫の療養のために夏の間は夫婦で北海道に滞在するという生活を五年ほどしている。当初は、お盆には一度夫婦二人で戻ってきてお盆のあとにまた北海道に行っていたが、いまは天野さんが一人で北海道から帰ってきてお盆の行事をおこなっている。その思いを「捨てきれないものがあって、お盆、ここ〔名古屋の自宅〕をようあけない」、お盆の行事を執り行うのは「私の仕事だと思ってるから」と説明するように、これまで長男の嫁としての義務を果たしてきたことに誇りをもっていることがわかる。また、「だんだん親が亡くなってくると」「お兄ちゃんなんですよね。ここへ頼ってくる」というように、天野さんの夫には本家の長男としてほかのきょうだいや親戚の相談相手になるという役割もある。天野さんが「弱いながらも」「本家」というのが「まだどこかにある」というように、旧来からの規範が残っていて天野さん自身もやめられない、かといって旧来のようにはできないという葛藤を抱えていることがわかる。そして「次の世代はそういうことには、もっとドライ」で「これからは、もうね、行政とか、そういうちゃんとした人に頼むとかしかない」と、天野さんは自分たちの代までは何とかできてもその対処方法に限界を感じていると話す。

次の世代については、親として子どものきょうだい関係がうまくいくために天野さんはなるべく「公平になるように」関わっているともいう。天野さんには二人の娘がいるが、長女は「ほしかったんだけれども、〔子どもに〕恵まれなかった」のに対し、次女には二人の子どもがいる。そのため、例えば子どもがいる次女には旅行にいったときに次女の子ども（天野さんからみれば孫）にたくさんお土産を買ってあげたりすることがあるが、子どもがいない長女にはそれができない。そういうときには長女と意識してコミュニケーションをとることで、親の関わり方が妹と違うことへの納得感が得られるようにしている。いまのところ姉妹関係はいいが、「私たちが、最終を迎えるときに、本当につまらないことで仲違いしてもらいたくないいな」と娘たちのことを心配している。

専門家の活用の仕方に左右されるきょうだい関係

六人きょうだいの長男である辻本さんも自分のきょうだいに加えて、天野さんと同じように義理のきょうだいとの関係についても語っているケースである。自分のきょうだいとは親の介護や相続を経て現在も仲良くしているが、妻方のきょうだいとは義父が亡くなってから「財産問題で」「縁が切れました」という。両者の明暗を分けたのが、専門家の活用の仕方である。妻は四人きょうだいの次女で、長女は結婚を反対されてから父との仲が悪く、このきょうだいで唯一の男性（長男）である弟は未婚で跡取りがいなかった。そのため、義理の両親は男の子が三人いる辻本さん夫婦に三男を養子にくれと言い続けた。辻本さんはそうしたくなかったが、義母が亡くなってすぐ養子縁組をした。そのとき、義父は健在で「姉なんかの夫婦の立ち会いのもとで承認して、入籍した」。しかし義父の死後、長女(辻本さんの妻の姉)夫婦は辻本さんの三男の養子縁組を認めないと言いだし、もめて縁が切れたのだという。辻本さんは当時知らなかったが、義理の両親は六十代のころから親戚一同に「相続問題でトラブルになりそうだ」と言ってずっと悩んでいたという。義父が亡くなる直前に病院で公証人の立ち会いのもと遺言書を記録することになっていたが、義父の意識が戻らなくなって公証記録を残せなかったと辻本さんは説明する。

相続問題でのトラブルを予想しながらもそれに対処できなかった辻本さんの義父に対し、辻本さんの父親は亡くなる十何年も前から遺言書を毎日修正するような人だった。亡くなったときには、辻本さん夫婦と三人の孫(辻本さんの息子たち)、そしてきょうだいたちへの遺言書があり、亡くなった日に長女(辻本さんの姉)がみんなの前で開封したところ、そこには「財産争いをするな」と書かれてあった。きょうだいたちはみんな「お父さんが書いたようにすればいい」、父親の介護は長男である辻本さん一家がしたのだから、自分たちは一円ももらわない、「全財産、おまえが管理せえ」と言われたと辻本さんは振り返る。ここからは旧来のように長男である辻本さんが介護と相続をセットで引き受けるというかたちがきょうだいたちの間で共有されている様子がみられる。

辻本さんのきょうだいたちが言うように、結婚当初から同居する父親の介護は長男の嫁である辻本さんの妻が中心に担い、辻本さんや息子も協力しながら五年ほど介護したという。主たる介護者である辻本さんの妻に対して「姉なんかもみんな、おやじなんかが取ってたお金は」「全部、「父と母」二人のために使いなさいよ」と言ってくれたのでホームヘルパーや訪問看護などいろいろなものをお願いし、「できる範囲内で」自己負担もおこないながら、「自分に、家族に無理がないように」した。終末期医療についても、辻本さんの父親は「自分たちが亡くなる十年ぐらい前」から尊厳死協会に入っていたため、病院の先生から「延命治療をしますか」と言われたときにきょうだい間でもめることなく、父親の意思を伝えられた。

このように、辻本さんや父親は介護保険を利用して訪問ヘルパーや訪問看護の利用、また公的機関を利用してリビング・ウィルを明示したり詳細な遺言書を作成したりしている。すなわち、中年期以降のきょうだい関係で葛藤が起こりやすい介護や相続に対して、専門家や公的機関をうまく利用して元気なうちから備えていたことがわかる。そしてこれらの経験から、辻本さんは現在、旅行にいくときには毎回、遺言書などを封筒に入れてのり付けをし、それを置いてある場所を長男にだけ教えるようにしたり、所有する土地の処分や整理を進めたりしているという。土地については、子どもたちに残すと争いのもとになるのと、役所で勤務していて事務的な手続きや地域のことをよく知る自分は「わかってるから、できるけど、子どもたちはできない」からだと説明する。また、将来介護が必要になれば、妻と二人で施設に入る予定だという。それは辻本さんが、特に妻に自分の両親の介護で苦労をかけたので自分たち夫婦は「嫁さんには心配かけたくない。子どもに心配かけたくない」と考えるからである。

3　次世代のきょうだい関係のために

ここまで、中高年期にきょうだいたちが経験したアンビバレンスとその対処法についてみてきた。次に、これらが個人的な問題であると同時に、時代的・社会的な問題でもあることを論じていく。だからこそ、アンビバレンスが起こる時代的・社会的背景を理解して対策することで葛藤を回避できたり、乗り越えられたりするといえるだろう。その可能性に目を向けさせるのが、コンニディスの「社会学的アンビバレンス」の考え方なのである。このことを浮かび上がらせるために、アンビバレンスが語られないという点で共通するものの出生年が異なる一九四八年生まれの多田さんと六八年生まれの小原さんのケースを比較する。その比較を通して時代的・社会的背景の変化に応じて対策するための手がかりを得るとともに、次世代のきょうだい関係のためにできることについて考えてみたい。

五人きょうだいの次男である多田さんは、十三年間寝たきりだった母親の介護について、長男である兄と一緒に家業の印刷業をしていた未婚の弟がしてくれたと話す。その理由として、母親の介護をした弟が「結婚していなくて」実家で母親と一緒に住んでいたことがいちばん大きいといい、母親が亡くなる前から実家は「弟が継ぐというような」「前提となってたから」弟が実家を相続したのは「当然の経緯」だったと説明している。弟が母親の介護をするようになった経緯について、次男である自分も弟と一緒に働く長男も実家から離れて暮らしていて「実際、介護に通えないから」毎日実家で母親と一緒に住んでいる弟が「当然みたいに、自然の流れみたいに介護をすることになった」と言い、決して「弟にみんな押し付けた」のではなく、「自然の流れでそうなっていく」のだということを強調する。そして、「そのことに対して弟は兄は何も面倒見なかったなんて一言も言ったことない」し、いさかいになったことは「全然ない」と言い切り、次のように語る。

ちまたでは相続争いとか嫁さんが口出したとか聞くんですけど、逆に不思議っていうか、そんな感じです。べつにそんな理屈もなにもないっていうか。自然になんともなくすんじゃったっていうな感じで。

多田さんの語りからは、長男規範よりも未婚のきょうだいの存在が大きなインパクトをもっていることがわかる。これは、長男規範に言及しつつも未婚の姉に相続も介護も任せた河合さんのケースにも通じる点である。河合さんが姉と口を利かなくなるなど関係が険悪になったのに対し、多田さんがそうならずにすんでいるのは、介護をする弟が実家を相続するということがきょうだい間で共有されているため、つまり介護という義務と相続という権利がセットだということが「理屈もなにもな」く、「自然に」きょうだい間で共有されているためである。しかし、きょうだい間でこのような考え方を自然に共有できるとは限らないことは、河合さんのケースからも明らかである。

一方、同じくアンビバレンスが語られない小原さんだが、多田さんとは様相が異なる。八人きょうだいの三女である小原さんの父親は、小原さんが小学校五年生ぐらいのときから、「アルコールに溺れてしまって」「まともに働いているっていうイメージ」はなく、生活保護を受けていたこともある。小原さんも妹に仕送りをしながら学校に通い、結婚し、看護師として働きながら子育てをしていたが、四十代に差しかかったころ父親が「アルコールを飲んで、暴れて、手がつけられなくなって」「きょうだい全員で、まあ、面倒を見るっていうスタンスで、〔自分の住むところに〕連れてきた」と説明する。しばらくして病院に入院し、一年ぐらいして父親は亡くなったが、父親のときも九十一歳になる母親が寝込んだときにも「姉があんな大変な思いをしてきてるんだったら、私はもっと行かないといけないな」とか、「みんなきょうだい競うように」援助するので誰かに負担が偏って仲が悪くなるということは「全くない」と言い切る。その理由を小原さんは「私がちゃんと仕事をして、自分の収入があって、自分が自由に使えるお金があるっていうのが、いちばん大きい」という。なぜなら、「誰かが困って援助するときも、旦那さんの給料ではなく、自分の給料で援助してるから、誰にも文句は言わせないみたいなスタンス」をとることができるからである。そして、そういう意識はきょうだいが「それぞれみんな言わないけど、もってるんじゃないですか」と語る。

きょうだいが多く長男は健在で未婚の弟もいるという点では多田さんと共通するものの、小原さんからは「きょうだい全員」「みんなで」という言葉がたびたび出てきている。このように、きょうだいの「対等さ」が強調され、その意識がきょうだいたちの間で共有されているのが特徴的である。背景には、きょうだいそれぞれの経済的自立があるというが、それは小原さんが一九六八年生まれのバブル世代であることとも無関係ではないだろう。好景気のなか、きょうだいたちが同じように経済的に自立できることで、誰にも文句を言われることなく自分の親きょうだいのサポートがしやすくなる。この点で、妹との関係は対等に考えながらも、自分や妹の夫、妹が同居する義理の両親に気を使いながら父親の介護や葬儀をした小笠原さんとは異なる。

しかし一方で、小原さんも親の立場からは大学四年生で就職活動をしている次男について「ちょっと不安」と言う。それは、もし次男が経済的に自立できなかったら、子どものきょうだい関係がうまくいかなくなるのではないかという不安である。小原さんと同じように親の立場から子世代のきょうだい関係について語っていたのが天野さんである。経済状況のほかにも長い人生のなかでは、ほしくても子どもに恵まれなかった姉と子どもがいる妹といった天野さんの娘たちのように、きょうだいたちにはいろいろな違いが起こりうる。だからこそ、そういった違いによって変わる親の対応について、子どもたちが納得できるよう公平に親が関わることが子どものきょうだい関係を良好にするのだという天野さんの主張は示唆に富む。

姉と険悪になり口もきかなかった時期を経て現在は同居している河合さんのように、長いライフコースを通してきょうだいとの関係は常に一定であるわけではない。もちろん介護や相続のときには最低限、協同できるくらいの関係性は必要になりうるものの、互いにとって心地いい距離感は当事者同士による。しかし、河合さんのように姉と同居できる関係性であっても「姉貴面」されてイラッとすることもあるのに、そこまでの関係性でない場合には「きょうだいなんだから仲良くすべき」「助け合うべき」という周囲の声が苦しく感じられることもある。あるいは「きょうだいなんだから、わかってくれるはず」という意識がはたらいたり、きょうだいで金銭について話題にすることや親の死について当人の前で話題にすることに対して心理的な葛藤を感じたりすることもあるだろう。そのため、辻本さんの義父のように「相続問題でトラブルになりそうだ」と思いながらもなかなか相談できず、つい先延ばしにしてしまうこともある。実際、今回の調査でも小原さんと同世代の男性の、そういった「会話を避けている」が「立ち行かなくなった状況になったときに考えるしかないのかな」という声や、一九八〇年代生まれの若い世代で「いまのところ全く考えてない」とか、「あんまりそういうシビアな話をしない」という声も聞かれた。このように先延ばしにした結果、辻本さんの義父のような状況にも陥りかねない。これからの時代は、介護も相続も家族だけで何とかしようとするのではなく、困難な場合には早めに専門家など第三者の力をうまく借りることによって、お互いが心地いい距離感を維持しながら進められるようになるのだろう。このことは、相続の際に銀行に入ってもらったという天野さん、あるいは専門家の活用の仕方でその後の関係性の明暗が分かれた辻本さんのケースが示している。

　二〇一八年に民法（相続法）が改正され、遺言書保管法が制定された。そして一九年からそれらが段階的に施行されるなど、法律や制度も実態に合わせるように変わってきている。これまで以上に、一人ひとりが最新の知識を得ながら必要に応じて適切に専門家や公的機関をうまく利用するスキルが求められる。ヘルシーエイジングのために必要な戦略としても「いざというときに備える制度活用」[7]があげられている。そこで書かれている「親の住宅を兄弟姉妹で相続するような場合、特に、長男が親と同居していて、ほかの兄弟姉妹が家を出て独立しているような場合は、トラブルが起きる可能性が高いので、事前に話し合って、関係者全員が納得できる解決策を考えておいたほうが良い」というアドバイスは、本研究から明らかになったこととも重なるものである。

おわりに

未婚化が進むなかでパートナーや子どもがいない人が増えている。結婚しても離婚することでパートナーを失う人もいるし、パートナーとの死別を経験する人もいる。このような時代にあって、生まれながらに与えられた家族であるきょうだいとは、かつてよりその数は少ないものの、ともに老いる時間はこれまでに類を見ないほど長くなる可能性がある。そして、その長い間にはきょうだいたちにいろいろな違いも出てくるだろう。「私たちが、最終を迎えるときに、本当につまらないことで仲違いしてもらいたくないな」という天野さんの言葉には、親亡きあとを生きる家族を思う気持ちが表れている。

注

（1）Ingrid Arnet Connidis and Julie Ann McMullin, "Sociological Ambivalence and Family Ties: A Critical Perspective," *Journal of Marriage and Family*, 64(3), 2002, pp. 558-567.

(2) 冷水登紀代「老親介護をめぐる扶養・相続(寄与分)制度の意義」、比較家族史学会監修、小池誠/施利平編著『家族のなかの世代間関係――子育て・教育・介護・相続』(家族研究の最前線)所収、日本経済評論社、二〇二一年、七一―九六ページ

(3) 平山亮/古川雅子『きょうだいリスク――無職の弟、非婚の姉の将来は誰がみる?』(朝日新書)、朝日新聞出版、二〇一六年

(4) 小笠原さんの父親の近くに小笠原さんの妹夫婦が義理の父母と同居している。一方、小笠原さんの居住地から父親の居住地までは車で二時間以上かかる。

(5) 小笠原さんの生まれ育った地域では、亡くなった人の実子が男性の場合は一人で喪主をするが、実子が女性で既婚の場合は夫婦二人で喪主になるという慣習がある。小笠原さんの父親の場合は、小笠原さんも妹も既婚女性であるため、小笠原さんの夫を筆頭に小笠原さん、小笠原さんの妹夫婦、つまり、きょうだい全員が喪主になったということである。

(6) 天野さんとその次の辻本さんのケースは、義理のきょうだい関係についての語りが分析されているが、自分のきょうだい関係について分析するほかのケースと同じように扱っている。天野さんは長男の嫁として義理の祖父母や父母を介護し、長男である夫とともにその義務を果たしてきた。また、辻本さんは義理の親の養子になった自分の三男が義理のきょうだいとの相続の当事者の一人であり、義理の親の事業を手伝ったり介護したりしている。このように、どちらも本章で焦点を当てる介護や相続という点で義理のきょうだい関係と深く関わるケースであるためである。

(7) 東京大学高齢社会総合研究機構監修、大方潤一郎/河出卓郎/川村容子/椎名一博編著『東大が考える100歳までの人生設計――ヘルシーエイジング』幻冬舎、二〇一七年、三〇六ページ

第12章　「仕事を辞めること」の語りと夫婦関係

水嶋陽子

はじめに――仕事を辞めるプロセス

長寿化が進んだ現代日本では、人生百年時代ということがいわれている。そうした時代の趨勢に合わせた施策として定年延長制度や年金受給年齢の段階的引き上げなどがあるために、職業生活からの引退は個人化している。これまで男性の場合には、六十歳以降の一定の年齢で定年退職し、七十歳ごろまでに徐々に職業生活への関わりを減らして完全退職になる場合が多かった。だがどのように働き、いつごろ退職するかが個人に委ねられる傾向が強まると、職業生活から引退する標準的プロセスがみえにくくなっていく。本章が着目するのは、そうした現代人のライフコースのなかでの職業生活からの引退である。具体的には、会社などが定める制度としての「定年」による退職も含めて、自ら選択する要素を多少なり含んだ人生イベントとしての「仕事を辞めること」について、当事者の語りから検討する。

なお、これまで退職研究は男性を主な対象としてきた。しかし、袖井孝子は早い段階で、男性が定年退職で受ける影響と女性が受ける影響とは異なる可能性があると述べ、女性の退職を研究する必要性を指摘している。(1) その後に看護師や教師など特定の職業に就く女性の退職研究はおこなわれたが、長期に雇用労働に就く女性が全体としてみれば少なかったこともあり、今日まで女性の退職について、その具体像や特徴はさほど明らかになっていない。だが今後は、女性も雇用労働に就く機会が増えた結果、人生後半の時期に自分自身の退職を経験することが増えるため、ここでは男女双方の「仕事を辞めること」へと議論を広げたい。

1 退職をめぐる相互作用過程へのアプローチ

人生後半に定年と退職の間の期間が生じることは比較的近年の現象であるため、家族社会学や社会老年学では、その期間に着目する研究が展開されている。そこでは、徐々に労働時間や責任を減らしていく過程を、ライフコース上の役割移行として捉える。その過程は労働者個人の職業領域だけの議論で完結するものではない。退職の決定には、子どもの就学状況や、家族の介護ニーズの有無なども関わるため、退職(予定)者と近しい人のライフコースの関連も視野に含める必要性が指摘されている。[2] すなわち退職は個人の人生イベントだが、配偶者や親、子どもなどとの相互作用過程で具体化するものなのである。

また欧米では、ジェンダーの視点から老年期のあり方を問い直す研究が一定の成果を上げていて、そのなかでもアイリーン・フェアハーストの議論は、退職タイミングや退職後の生活は、退職する当事者と周囲の人との相互作用過程で構築されると捉える点で、本章の参考になる。フェアハーストは、人々は退職を暦年齢によって引き起こされる事柄ではなく、年齢や夫婦関係と関連したライフステージの区分として捉えているという。そして夫婦であることは一対であること(coupleness)や一緒であること(togetherness)と見なす日常知を人々がもっているために、早期退職せざるをえなかった男性が、妻も同時に退職していれば関わらなかった地域の活動をする事例があることや、退職後の活動を語るときに夫婦で一緒におこなっているか、別々であるか、という観点が用いられることを明らかにする。こうした日常知があるなかで、以前よりも女性が外で働くようになったことは、中高年の人々の退職理解に明らかな影響を与えていると指摘する。[3]

日本でも子育て後や退職前後などの時期にある夫婦を対象に、関係の再構築について知見が積み重ねられている。[4] そこでは老年期の一時点にある夫婦関係に焦点を当て、夫は夫婦単位の行動を望むのと対照的に妻は個人単位の行動を望む傾向や、地域や親族の規範的圧力が少なくなった現代だからこそ、夫婦がつながり続けることの難しさが指摘される。しかし退職に至る期間の具体像や、女性の退職とそれが夫婦関係に与える影響などはいまだ直接的には議論されていない。そこで本章は、男性・女性はどのように仕事を辞めることを経験し、またそこに夫婦の関係性はどのように関わるのかを、探索的に検討する。

ここで用いるのは、自身の退職や定年など「仕事を辞めること」について語っている九ケース(男性五、女性四)である。この九人は六十歳から七十二歳で、居住地は東北から九州に広がっている。全員が現在も配偶者がいて、そのうち七ケースは夫婦だけで暮らしている。なお中年期にはサラリーマンとして働いた人が多く、自営業は女性の二ケースであり、農林水産業に従事していた人はいない。九人のうち五人は完全に仕事を辞めていて、(5)残る四人は就労を継続している。

2 「仕事を辞めること」をめぐる語り

仕事を辞めた男性の場合

定年などによって長く勤めた職場を退職したあと、そのまま職業生活から完全に引退した男性は三人いる。彼らは雇用延長の機会を利用しない、早期退職に応募するなどにより、職業領域から退出している。専業主婦だった妻が夫の退職後に稼ぎ手役割を担うという役割逆転は起きていないため、彼らは稼ぎ手役割を終えてから退職していると考えられる。彼らには退職前の段階で人間関係、体力面、技能面での不安など就労継続の困難に直面してきた経緯があるため、「働いていたい」「働き続けたかった」という語りはない。「辞められてよかったって思われました?」という調査者の問いに対して、当時は管理職としてパソコンを使って上司に報告する業務に追われていた辻本さん

（男性・七十代・元公務員・鹿児島県在住）は「もう限界でしたね、いちばんよかったです」と答える。

彼らは、退職して「やりたいこと」をもっている。三十六年務めた職場を定年退職した児玉さん（男性・六十代・元公務員・埼玉県在住）は「その準備がしたいんだけど」と言いながら、現在は近居の実母を介護することに多くの時間を使っている。六十歳で仕事を「早めに辞めた」多田さん（男性・七十代・元会社員・神奈川県在住）も、「次の楽しみ」である趣味を楽しむ「第二の人生」のために、「早めに辞めたいっていうのはそっちのほう〔趣味〕やりたいからです。会社なんかもう。六十までやればいいかと思って。子どももうでかくなったし、そんなになにもあと五年間我慢してやることもないと思って」と語る。

仕事を辞めた女性の場合

仕事を辞めた女性は、定年退職した一人と経営していた飲食店を辞めた一人がいる。男性が「やりたいこと」を退職と結び付けて語るのに対して、女性は「夫婦で過ごすこと」を退職と結び付けて語る。彼女たちは男女雇用機会均等法が導入された時期よりも前に働き始めていて、仕事を始めた当初は意図していなかったが、結果的に長期間仕事を続けた。足立さん（女性・六十代・元公務員・宮城県在住）は四十年間働いて六十歳で定年退職を体験している。子どもができるまで働く予定だったが、子どもができなかったため、また同居する義母が家事を担っていたため、定年年齢まで働いた。もう一人の角田さん（女性・七十代・元自営業・熊本県在住）は、ともに飲食店を経営していた夫が先に病で仕事を辞め、その後に自分自身も病による体力の衰えを理由に、六十一歳のときに仕事を辞めている。もともとは専業主婦だったが幼い子どもとの死別を体験し、子どもをたくさん育てることを諦めた時期に夫がサラリーマンを辞め、その後は夫婦で飲食店を中心に多角的に事業を運営した。

二人とも家族へのケア役割が少ないからこそ継続した就労であるため、六十歳を過ぎてからも仕事を続けることに対して強いこだわりは語られない。足立さんは、夫婦とも定年後に再雇用を利用する人が多い職場にいたが、「主人と四十過ぎ、五十前ぐらい」のときには「第二の人生」を考え、「必ず六十で辞めようねっていう、二人で決めてました」という。退職する時期が東日本大震災が起きた年度であり、勤務地が宮城県にあったために三カ月ほど退職が「引き延ばし」になるが、「三月三十一日のときは、やっぱり万歳という感じ」だった。夫は定年退職後に元の上司に依頼されて再就職しているが、それも足立さんは、「私としては辞めてほしい」いことであったため、その上司が離職するタイミングを見計らって、夫にも「一年半で辞めていただきました」と語る。

角田さんは夫が病で店を退いてからも、一人で店を切り盛りしながら、夫の病院に付き添うなどしていたが、自分の病をきっかけに仕事を辞めている。そのころの状況を、「もうどうしようもなくなった」と表現し、「うちの、何もできないったい。それ、困るから」と語る。そしてその後は、「自分たちの健康のことしか考えてないんよ」と言うように、屋内に運動機器を用意したり、食事に気を配ったりして、健康維持の活動に邁進している。

彼女たちは配偶者との約束や配偶者との生活を重視しながら、自分の職業生活を終えている。退職後に単独で「やりたいこと」をするという姿勢はない。その点で、彼女たちにとって仕事を辞めることは、配偶者と「夫婦で過ごすこと」と密接につながっているといえる。

就労継続者の場合

六十歳を過ぎて仕事を続けている男性は二人いる。どちらも、いまの仕事を極めたいなど、仕事そのものへの魅力や執着は語られない。特に杉浦さん（男性・七十代・会計事務・大阪府在住）は、毎年のように法律の変化があり、それに伴って新しいことを学ぶ必要がある業種だが、「もう、六十過ぎたら「もうええや」って。次から次に勉強してもね」というように、より専門の人のところに自ら出向いて仕事に必要なことを吸収してきた五十代までと同じ働き方をしてはいない。だがどちらも、子どもへの経済的支援を続けていて、収入を確保する必要性を抱えている。

河合さん（男性・六十代・流通業・東京都在住）は定年時には子どもがまだ就学中であり、自分自身は、これまでの仕事を除くと「ほか何ができる」と「心配だった」し、「とりあえず何もいま予定ねえから」として、職場からの雇用延長に応じている。役職定年後から徐々に収入が減っていたため、河合さんの定年退職まで専業主婦だった妻にも働くよう頼み、妻も一年前から働き始めている。河合さんは経済面では夫婦で協力しているが、長年、単身赴任をしていて、妻は河合さんが建てた九州の家で暮らしている。自分が建てた家があるものの、妻が暮らす土地は居心地が悪いため、「アウェー」と表現している。周囲には「六十なったら九州帰んの」と尋ねられるが、「九州に帰るって発想がないよね。あっちが、ほれ、地元じゃないから」という。単身赴任先は地元でもあるため、「いまだにね、その小学校、中学校のときと、連中と飲んで歩いてる」関係が地域のなかにある。

杉浦さんは、五十代前半に社内トラブルで中途退社をしたが、現在も非常勤で経理の仕事を続けている。妻は結婚当初から現在まで、専業主婦である。複数回の転職を繰り返しているが、「役に立つんだったら行くよ、言うてるから行くんやけど」というように、五十代までに築いてきた人脈によって、働く機会を得ている。五十代前半と六十代後半に病気療養を経験しても仕事を続ける背景には、若くして配偶者を亡くした娘の存在があると考えられる。実際に杉浦さんの妻は毎日娘家族の家に通い、洗濯を担当している。杉浦さんも娘家族と旅行にいけば代金を「出せとは言われへんから」としてすべて負担し、娘の住まいの修理や、防犯のための杭打ちなど大工仕事もしている。杉浦さん夫婦は娘家族への各種の支援について、「もうしようがないでね」「元気なうちはしたらんな」と考えている。ここでみた男性たちからは、支援が必要な家族がいる場合には稼ぎ手役割を担い、就労を継続する姿が確認できる。

一方で仕事を続ける女性は二人いる。彼女たちはその理由として、職業を通じて得られる人間関係をあげる。福山さん（女性・六十代・書道教室講師・千葉県在住）は自宅で書道を教えていて、福山さんの夫は年金受給開始まで第二の職場で仕事をし、現在は自宅でゆっくり過ごしている。福山さんは以下のように、働くことで生徒やその保護者と関われることに感謝をしている。

夫と二人っきりでずっといるよりは、やっぱりお子さんきてくださるといろいろ刺激にもなりますし、楽しいいし、そのうえ、辞めないでって言ってくださったりいい賞を取ってくださると、親御さんからもお礼を言ってくださるので、まぁありがたいなと思って、いまは働かせていただいています。

滝沢さん（女性・六十代・障害児ヘルパー・東京都在住）は看護師の資格をもち、いちばん下の子どもが小学校に上がったときからいまの仕事をしている。夫の定年後も、滝沢さんはそれまでと同じように働いている。その仕事は若いころに就いていた看護職と同様、「人のためにやる」と同時に、「自分のためである」仕事と捉えている。仕事が自分のためと思うのは「「ありがとう」って言ってもらえるのはうれしい」からである。そしてすでに二十代になっている施設利用者を、「ずっとちっちゃいときからみてきた子たち」と表現するように、長い期間、同じところで働くことで築いてきた人間関係に愛着をもっている。

二人とも、就労継続の男性とは違って、自分の就労を稼ぎ手役割とは結び付けていない。むしろ今後の就労継続を、子どもから期待される役割との関連で考えている。滝沢さんは子どもたちが結婚・出産をする時期になっていて、子育て支援には「行けたら行ってあげたい」と思うが、職場に対して「仕事をやってたらね。ごめんなさいってわけにもいかないし」というように自分の仕事とは競合すると捉えている。子どもに支援を依頼された場合に自分が仕事を調整することについても、「ちょっと難しい。急には無理」と考えている。

福山さんには、医師として共働きをする娘夫婦がいて、娘夫婦の子どもがまだ小さいため、夫は毎週一回、福山さんは二週に一回、片道一時間弱かかる娘夫婦宅へ手伝いにいっている。だが、

「夫が空いているので」として、書道教室はいまのまま継続する意向である。今後については、書道教室を「やめないでって言ってくださる方もいるので、まぁ七十目指して」続けるつもりである。娘夫婦が子育てのサポートを「望まなければ、もうこちらで自由に過ごしたい」と思う一方で、「もし、娘が望めば」、娘家族の「住居もそこに決まれば」などの条件がそろえば「わりとそばに行って、まぁ手伝う」という可能性も視野に入れている。

彼女たちの「仕事を続ける」という選択には、職業を通じて得られる人間関係の魅力だけでなく、現在または今後に子どもから期待されるケア役割にどう応じるかという課題が背後にあることが確認できる。

まとめ

今回取り上げたケースでは、男性の場合には、職業領域から退出したあとは何らかの「やりたいこと」にシフトしていく姿が確認できるが、高齢になっても家族の経済的ニーズがあれば、稼ぎ手役割を担い、就労を継続している。稼ぎ手としての就労継続は、女性の語りにはみられない特徴である。男性にとっては、稼ぎ手役割を担う必要があるかどうかが、職業領域から退出するかとつながっている。

女性の場合には、一方には、「夫婦で過ごすこと」のために退職をする人がいて、他方には、やりがいがある仕事を継続する人もいる。なお、男性のなかにも雇用延長に応じることで単身赴任先にいつづけている河合さんのように、職業を理由に家族から距離をとるライフスタイルを維持する人もいるため、男性にも選択肢がないとはいえないが、とりわけ女性にとっては、家族へのケア役割を取得するかどうかは、職業領域から退出するかとつながっている。

3 退職後の活動からみた夫婦関係

今日、日本の多くの高齢者が夫婦だけの世帯で暮らしているが、学術的議論でも一般社会の理解としても、老年期に夫婦がともに過ごすことの難しさが指摘されている。対象者たちの現在の活動に着目すると、別々に活動をする傾向が強い夫婦も、夫婦単位で活動する傾向が強い夫婦もいる。パーソナル・ネットワークと夫婦役割関係の関連を考察した立山徳子は、地域のネットワークなどからの規範的圧力が弱まっているため、リタイア期夫婦が互いの役割を補い合い、余暇も一緒に過ごそうとする合同的夫婦役割関係になるのは、夫婦の意思や家族危機といった状況がきっかけだと指摘する。[6] 以下では、二つのパターンを取り上げ、その関係性を検討する。

夫婦が別々に活動する場合

ここで取り上げる三人は、現在の生活で夫婦の会話が少ないと受け止めている。「まあそんなに会話は、ポンポンポンポン弾むほうではない」という滝沢さんの家庭では、家にいる夫は「PCばっかりにらんで」いて、そうしたときには自分も「本を読んだりとかして」過ごしている。同様に、児玉さんも調査者に夫婦の会話を尋ねられると「ないね」と即答する。テレビに出てくる夫婦がよく会話をしていることに違和感をもち、夫婦間で「しゃべらなくてもいいじゃんって、わかっていれば」と思っており、自分たち夫婦を「いま、仲悪いわけじゃない」と捉えている。

そして彼らは、中年期までの子育てや介護について、配偶者を頼らずおこなってきた、または配偶者に任せて自分は関わらなかったと認識していて、退職を機に、夫婦が共同して活動する関係を目指したとか、そういう関係に変化した、という語りはない。むしろ、別々に活動してきた中年期の夫婦の関係性を前提に、そのまま退職後の活動を展開している。

多田さんは趣味に力を入れることを目的に退職しているが、その活動は子育て期にはいったん停止していて、子どもが手を離れてから再開している。趣味に対する中年期の妻の反応は、「土日とか休みにいても、家にいなくても、べつにまぁ向こうからみれば好きなことやってるぐらいにしか思っていない」状況だったため、「何も言わない」のは「賛成者」と理解してきた。そして現在、家事や買い物などは「自分でやっている。もうお互いに干渉せず」と語るように、退職後も夫婦の接点が少ない様子が垣間見られる。そうした状況下で、多田さんは自分の趣味に力を入れている。

児玉さんは、認知症になった自分の祖母が亡くなるまで在宅介護を続け、仕事と介護の両立に苦心した経験をもつ。そして定年を機に退職し、実母の介護を中心とする生活へと移行している。専業主婦である妻は自分の親を施設に預けていて、児玉さんの実母に関するケースワーカーの会議でも、妻は施設に「預けちゃえ」という考えだが、児玉さんにはそうした考えはない。実母は自分が通うデイサービスの日時も理解していて、「どうにかこう歩いて」、出かけようとして「もう自分でそこで待って」いるため、「そういうことができる人間」である実母を施設に「入れちゃうのもどうよって」という思いが強い。今後について現時点では、自分が単独で、独居の実母を介護する生活を続けていくつもりである。

どちらも、退職の前から、趣味や介護を夫婦で一緒におこなっていない。そして退職後も、自分が関わる活動への協力を妻に期待しない。その点で夫婦の関係性は一貫している。同様の関係性は、就労継続の滝沢さんにもみられる。

滝沢さんは四人の子どもの出産・育児期に転勤を繰り返したが、当時の夫は仕事に忙しく、会社の借り上げマンションや東京の社宅での子育てでは、「社宅の人に甘えて」いろいろなことを「お願いして」いたと語る。子育てで得た楽しかった経験も夫に話すことはなく、自分のなかにとどめてきたため、子育ての思い出を夫と共有していない。現在は、子どもが出産・育児期になった場合や、遠方で暮らす実母に介護が必要になった場合は、支援のために退職を検討するだろうと考えているが、それも夫には相談していない。滝沢さんにとって自分の退職タイミングに影響をもつのは、夫ではなく、世帯外にいる子ども家族や実母との関係である。

これらの事例からは、中年期までの関わりが少ない夫婦の関係性のまま、夫婦が別々で活動をする退職後の生活へと移行していく様子が見て取れる。

夫婦単位で活動する場合

ここで取り上げる三人は、退職後の時期に夫婦で一緒に活動することが多く、自分の日常生活を語るために、「二人で」「自分たち」「私たち」という表現を多用している。そして老年期に起こりうる事柄について、夫婦で対応を考えている。例えば辻本さんは、「延命処置が出たらもう受けない。一切、その場で終わりにしようねという、二人での約束」をしていて、延命処置や相続に関する意思を子どもに伝えるための遺言書を夫婦で作成している。また足立さんは子どもがいないうえ、夫の家事能力が低いため、「私たち家族」としては「主人が残ったときが、いちばん心配の種」だという。そこで近所にある介護施設の内覧会に参加して、「主人が八十、九十になって」自宅に「一人いられなくなったときは、そこを選ぶ」という見通しを得ている。

このような人たちは、中年期から夫婦の結び付きが強い。角田さんは、飲食業を中心に多角的に事業を展開した中年期の夫婦関係について、「私たちには目的があったからさ、借金を返す目的とかさ、次に何したいとか」と語る。そして仕事を辞めてからは、健康維持のために夫婦で散歩をしていたが、夫が「八十歳なったら、行かなくなった」ため、「家で運動できるよう、部屋を全部空けてから、部屋を歩き回ったり」している。調査者が「三食きちんと作って、一緒に召し上がってって感じなんですか？」と尋ねると、「うん。そうそう。うん。どうやって好きなの作ろうかっていうのが、あれだ。毎日考えるのが大変だもん。それが楽しみなの、作るのが」という。中年期は事業拡大、現在は夫婦の健康維持というように、目指す内容に違いはあるが、夫婦で目的を共有し、それに向けて活動する姿勢は共通している。先に述べた足立さんは、結婚をきっかけに夫婦でできるスポーツとしてテニスを始め、いまも夫婦でテニスを楽しんでいる。

辻本さんは、同居の両親に介護が必要になった際、自分も実父の夜の「トイレの関係」を担当したが、介護を中心的に担った妻に対して「大変だったと思いますよ。だから、料理も七人分、作らにゃいかんわけですからね」と捉えていて、そうした妻の苦労に対して「僕が返さんといかんっちゅう使命」を感じていた。そしてその後は、妻の実家の財産整理や義親の介護に関わっている。現在は、週に一度は夫婦で郊外へ出かけて食事をするが、本人も妻も習い事や趣味活動はせず、日常生活は、「家内のうちの実家」の整理で「一日が費やされ」ている。解体のために業者を入れながら、広すぎる敷地の整理をするのは、自分たちの代で「それ、していかないと」「あとの子どもたちにですね、迷惑をかける」と考えているためである。辻本さんは中年期からいままで、夫婦で、双方の親の介護や妻の実家の相続問題に取り組み、子どもたちに相続や介護で迷惑をかけないようにと、二人で話し合いをしている。

これらの事例からは、何らかの活動を共有する中年期の夫婦の関係性のまま、夫婦単位で活動をする退職後の生活へと移行していく様子が見て取れる。

まとめ

退職後の活動からみた夫婦の関係性は、夫婦が別々に活動するパターンと夫婦単位で活動するパターンに分けられる。別々に活動するケースでは、中年期から退職後まで一貫して、夫の趣味の活動に妻が干渉しなかったり、子育てや介護について夫婦で取り組むことが少なかったりする状況が続いている。配偶者をともに老いるパートナーと捉えて夫婦単位で活動するケースでは、夫婦で共通の目的をもっていた、定年退職後は夫婦とも再就職はしないと退職前に夫婦で約束をしていたなど、現在の関係性の要因を退職よりも前の段階に見いだしている。そしてどちらのパターンでも、退職を機に夫婦の関係性が変化したと語るわけではなく、夫婦の関係性には継続がみられるため、退職後の夫婦の関係性は、中年期までの過ごし方のなかに埋め込まれていると理解するのが適切だろう。職業生活からの引退は生活空間や生活時間、経済面などで大きな変化を伴うが、この移行期に夫婦の関係性という側面は比較的変化しにくいことが示唆される。

おわりに──家族とともに老いることのこれから

本章は「仕事を辞めること」についての語りを題材に、高齢者のライフコースに現れる職業生活からの引退に着目し、そのプロセスに夫婦関係はどのように関わるのかをみてきた。そこから明らかになったのは、男性は退職して「やりたいこと」を中心にした生活へと移行するには稼ぎ手役割を終える必要がある一方、女性は子ども家族への子育てサポートなど、家族へのケア役割との関連で退職を考えることである。その点で、男女とも退職には性別分業規範の影響がみられる。

また老年期の活動からみえてくる夫婦の関係性は、それまでの夫婦のあり方によって方向づけられている。仕事を辞めることは多岐にわたる変化を伴うが、本章の事例からは、その時期に夫婦の関係性は比較的安定している様子がうかがわれる。すなわち夫婦関係は、人々が新しい局面に適応するときに基盤となりうるもの、と考えることができるだろう。

最後に、本章で検討した二つのパターンの夫婦の関係性に関連して、家族とともに老いることを考えるうえでの留意点を述べておきたい。本章のケースはNFRJ18の回答者の一部であり、NFRJ18では三項目の情緒的サポートから夫婦の情緒関係を把握している。(7) 高齢期にあたる人たちの回答をみると、男性は女性よりも「配偶者は、わたしの心配ごとや悩みを聞いてくれる」などの情緒的サポートを尋ねる各項目について「あてはまる」「どちらかといえばあてはまる」と回答する人が多いが、女性も中年期と比べて肯定的な回答をする人の割合が急激に低下するわけではない。

そのため、別々に活動する傾向にある夫婦でも、配偶者から一定の情緒的サポートを得ていることが多いと考えるべきだろう。このパターンの事例として取り上げた児玉さんが「いま、仲悪いわけじゃないよ」といったり、多田さんが気がかりとして「嫁の体調」をあげたりするように、彼らは配偶者に対して無関心だったり配慮がなかったりするわけではない。杉山由美子が「卒婚(8)」として子育て後の夫婦のゆるやかなパートナーシップを提起したように、夫婦の関係を維持しながら、夫と妻がそれぞれの方向に進むというあり方を念頭に、彼らの家族関係を探ることにも一定の意義があるだろう。

また、夫婦単位で活動する人たちは、配偶者に心配事や悩みを聞いてもらうなど、情緒的サポートが比較的豊富だと考えられる。だが中年期までの過ごし方を視野に入れて老年期の夫婦関係をみると、このパターンの事例として取り上げた角田さんのように、子どもの結婚を機に親子関係を悪化させて、今後、子どもとの関係を充実させることが期待しにくい人もいる。中年期には、私たちの日常的な経験から考えても、介護や相続に絡んで親子やきょうだいなど親族関係が疎遠になることもありうる。それは、老年期の人間関係が夫婦に収斂しやすい状況をもたらす。そのため、夫婦の結び付きが強いことを無条件に是とせず、夫婦単位で活動する傾向にある人たちが、夫婦単位で孤立していないかにも留意が必要である。

今後、ますます中高年女性の労働力化が進むことによって、男女それぞれがどのような形でいつまで働くのか、誰が誰の子育てや介護にどの程度関わるのかなど、夫婦や子ども世代、きょうだいなどとの間で調整していくことになる。私たちそれぞれは、そうした人たちとのやりとりのなかで、仕事を辞めることを経験する。仕事を辞めることは、当然ながら職場の事情によって引き起こされる要素が大きな人生イベントだが、そのプロセスで私たちは、老いをともにする関係としての家族を作っていく側面もあるといえるだろう。

注

(1) 袖井孝子「定年退職――家族と個人への影響」「老年社会科学」第十巻第二号、日本老年社会科学会、一九八八年、六四―七九ページ

(2) 嶋﨑尚子「職業との別れ――定年退職をめぐるヤング・オールドの選択」、早稲田大学人間総合研究センター監修、大久保孝治編著『変容する人生――ライフコースにおける出会いと別れ』(ヒューマンサイエンスシリーズ)所収、コロナ社、二〇〇一年、九八―一二一ページ、直井道子「職業移動論と老年学・家族論の接点」、石原邦雄編『家族と職業――競合と調整』(シリーズ家族はいま)所収、

ミネルヴァ書房、二〇〇二年、八七―一〇六ページ

（3）Eileen Fairhurst, "New Identity in Aging: Perspectives on Age, Gender and Life After Work," in Sara Arber and Kate Davidson, Jay Ginn eds., *Gender and Aging: Changing Roles and Relationships*, Open University Press, 2003, pp. 31-46.

（4）岡村清子「定年退職と家族生活」「日本労働研究雑誌」二〇〇六年五月号、労働政策研究・研修機構、六七―八二ページ、立山徳子「リタイア期夫婦のパーソナル・ネットワーク形成と夫婦役割関係――インタヴュー事例からの検討」「関東学院大学人間環境研究所所報」第十五号、関東学院大学人間環境研究所、二〇一六年、二九―四一ページ

（5）不動産や株式などによって、財産収入を得ている場合もある。

（6）前掲「リタイア期夫婦のパーソナル・ネットワーク形成と夫婦役割関係」

（7）情緒的サポートは、「次にあげる（ア）～（ウ）のそれぞれの項目について、あなたは、あなた方ご夫婦にどの程度あてはまると思いますか」という質問を用いていて、四件法で回答を得ている。（ア）から（ウ）の具体は以下のとおりである。（ア）配偶者は、わたしの心配ごとや悩みごとを聞いてくれる、（イ）配偶者は、わたしの能力や努力を高く評価してくれる、（ウ）配偶者は、わたしに助言やアドバイスをしてくれる。NFRJ18の結果は、日本家族社会学会／全国家族調査（NFRJ）委員会編『第４回家族についての全国調査（NFRJ18）第一次報告書』（日本家族社会学会／全国家族調査〔NFRJ〕委員会、二〇二三年）を参照。

（8）杉山由美子『卒婚のススメ――人生を変える新しい夫婦のカタチ』（静山社文庫）、静山社、二〇一四年

第13章 高齢期の人生回顧
——団塊世代は職業・家族をどのように振り返るのか

笠原良太

1 問題設定

二〇一九年、「団塊の世代」(一九四七年から四九年生まれのベビーブーム世代)が七十歳代を迎えた。彼らが「前期高齢者」(六十五歳から七十四歳)から「後期高齢者」(七十五歳以上)に移行するいわゆる「超高齢社会」の到来は、「二〇二五年問題」として注目されている。後期高齢者医療保険や介護保険の自己負担増額、年金支給額の減少などさまざまな問題に直面するなか、彼らはこれまでの人生をどのように振り返り、現状の生活をどう評価し、将来を展望しているのだろうか。彼らは、はたして「幸せ」なのだろうか。

団塊世代を含む高齢者の「生活満足度」や「幸福度」をみると、多くの人が生活に満足しているようである。例えば、内閣府による「高齢者の日常生活・地域社会への参加に関する調査[1]」の結果では、高齢者（六十五歳以上）の七五・六％が日常生活全般に「満足」している（「満足している」「まあ満足している」の合算）。しかし、「将来の日常生活全般についての不安」（複数回答）には、「自分や配偶者の健康や病気のこと」（七〇・三％）、「自分や配偶者が寝たきりや身体が不自由になり介護が必要な状態になること」（六〇・三％）、「生活のための収入のこと」（三一・九％）、「子どもや孫などの将来」（二九・七％）など、多岐にわたる不安があがっている。つまり現状には満足しているが、将来には不安がある、という状況である。

このような現在の生活に対する評価や将来展望の背景には、高齢者自らの人生回顧がある。人々は高齢期に差しかかると、過去の経験を再検討し、現在直面するさまざまな問題に対処しようとする。長寿化によって退職後の生活が長期化し、人生回顧はますます重要な課題になっている。そこで本章では、二〇一九年時点で七十代に差しかかった団塊世代の人生回顧を分析し、彼らが家族生活と職業生活をどのように振り返り、意味づけているのかを明らかにする。団塊の世代は、その人口規模の大きさのため、これまで常にその歩みを注視されてきた。「超高齢社会」を前に彼らは、自らの過去とどう向き合い、評価しているのだろうか。

2 分析視角・方法・データ

高齢期の発達課題――人生回顧、定年退職、疾病

本章のキーワードである人生回顧は、高齢期の発達課題の一つである。高齢者は、退職や配偶者との別れなどの出来事によって、自己のイメージが大きく変更させせられると、自分がいまどこにいるのか、どのようにしてそこへ到達したのかがわかるような説明を考えはじめる。そして、過去と現在の間にある矛盾した経験を融合させ、何とか首尾一貫した人生物語を作ろうとする。こうした「人生の棚おろし」としての回顧は中年期以前からすでに始まるが、これは高齢期でとりわけ重要な課題になる。人生回顧には、高齢者のアイデンティティについての重要な要素が含まれている。むろん、回顧時点の生活状況や目的に制約されるため、記憶が必ずしも正確というわけではない。しかし、現在という時点からみた高齢者の人生全体に対する評価を把握するうえで、人生回顧は多くの手がかりを有している。(2)

このほか、高齢期には、役割移行に関するさまざまな課題がある。なかでも、定年退職と疾病は、多くの人たちが直面する課題である。定年退職は、職業役割の喪失と同義である。「退職の意味は、退職の理由、家庭の経済事情、そしてその人のアイデンティティや人生目標がどれだけ職業的役割に結びついていたかにかかっている」。そして、「健康が理由で退職した人たちの満足度は、明らか

に低い」が、「仕事が人生の主要目標であったひとは、パートで働くか、自分を投資できる他の活動をみつける」[3]のである。

また、健康は中年期まで所与のこととして考えられているが、高齢期に移行し主要な役割が失われると、健康が人生の満足度に最も大きく影響を与えるようになる。[4]高齢者は、何らかの疾病にかかっていても、個人的・社会的資源をもとに自分にとって重要な活動のいくつかができるならば、「自分はまあまあ健康である」と高く評価する傾向にある。一方、重病や慢性病に苦しんでいる人は、「自分の健康はすぐれていない」ことを認め、人生の満足度は低くなる。[5]

このように、高齢期に喪失した役割が自らのアイデンティティに関わる場合、その役割を継続して遂行しようと模索しなければならない状況がある。人生回顧は、当人の過去と現在を結び付け、アイデンティティを再確認し、その後の人生を設計するうえで不可欠な行為なのである。

人生回顧に関する研究とコーホート特性

人生回顧は、その主観性と回顧的制約（回顧する段階によって内容や評価が変わる点）のため、社会学研究の分析資料として十分に活用されてこなかった。しかし、人々の行動パターンや人生についての意味づけと歴史的環境・条件に接近しようとするいくつかの先駆的研究では、人生回顧は有効な資料として活用されている。タマラ・K・ハレーブンは、繊維産業・工場の盛衰と労働者の職業経歴ならびに親族ネットワーク、人生に対する意味づけを把握するために、記録資料とともに口述生活史を活用した。[6]また、藤崎宏子は、戦前（一九二〇―三七年）出生コーホート男性の中年期・高齢期での人生回顧を分析し、戦争とその後の経済破綻による職業生活・結婚生活の攪乱経験が彼らにとっての転機になり、転機に対する評価が長期的に変化することを明らかにした。(7) このように、人生回顧の分析を通して、人々が高齢期にどのように自らの人生を歴史的環境・条件と結び付けながら理解し、意味づけているのかについて把握できる。

では、本章で対象とする一九四七―四九年出生コーホート(「団塊の世代」)は、どのような時代を生きてきたのだろうか。彼らは、高度経済成長期後半に成人期に移行した世代である。このころ高校進学が一般化し、「学校を終えたら就職し、やがて結婚して親になる(子どもをもつ)(8)」ことが標準と見なされるようになった。そして同時に「サラリーマンの夫と専業主婦の妻、ふたりの子どもから成る世帯(9)」が、社会政策上の標準世帯モデルに位置づけられ、男性は日本的雇用慣行のもと「会社人間」として企業組織の目標や規範、価値に「過剰に同調(10)」し、女性は、結婚を機に退職して夫を全面的に支える「家庭人間(11)」になった。彼らは、近代家族の理念(「愛と性によって結ばれた結婚。そして分業しながらも対等な人間関係の家族をつくる」)を、日本で最も純粋なかたちで実現しようとした世代であり、彼らが結婚と家族形成にあたった七〇年代前半に、性別分業型の「家族の戦後体制」が確立したのである。(12)

ただし、そこには社会階層差や地域差があり、「標準労働者」や「近代家族」が全国一様に大衆化したわけではない。そもそも、高卒後すぐにサラリーマンになった男性の割合は少なく(二〇%弱)、一九六〇年代には「高卒ブルーカラー(13)」が出現した。彼らが五十歳を過ぎた二〇〇〇年前後には企業の基盤自体が崩れ、中年・高齢者のリストラが社会問題化し(14)、初就職先に定年まで勤め上

	転機	
	内容・出来事	経験時年齢
	なし（「いいほうに忘れた」「父母に比べれば大変ではない」）	──
	大手会社に勤められたこと	23歳
	52歳からの一連の出来事	52歳
	夫婦ともに病気（がん）	60―65歳
	夫婦ともに病気（がん）	53歳（夫病気）・61歳（本人病気）
	なし（「どちらかといえば幸せ」）	──
	なし（「夫も子どもも、いま、この程度ならいい」）	──

げたのは大手企業従業者が中心であった。[15]また、高度経済成長期は、主婦化と同時に女性の雇用労働者化が進行した時代である。産業編成による女性労働の地域差に関する実証的研究が近年、蓄積されている。[16]

分析課題・方法・データ

このように、一九四七―四九年出生コーホートは、「近代家族」の理念を最もまっとうした人たちであると同時に、多様な職業生活・家族生活を形作ってきた人たちでもある。彼らは、それぞれ自らの人生をどのように回顧するのか。そして、高齢期の主要な課題である退職や疾病によって、過去の人生経験をどのように意味づけるのだろうか。

本章では、当該コーホートの男女二人

表1　インタビュー対象者

	プロフィル					現在の生活状況		
仮名	性別	出生年	出身地	現住地	調査時年齢	同居家族	健康状態	就業状況
辻本	男	1947	鹿児島	鹿児島	72	妻	糖尿病	退職（58歳）
多田	男	1948	神奈川	神奈川	71	妻	特になし	退職（60歳）
杉浦	男	1948	大分	大阪	71	妻	がん	継続（経理・非常勤）
天野	女	1947	愛知	愛知	72	夫	がん	専業主婦
角田	女	1947	熊本	熊本	72	夫・息子夫婦	がん	退職（61歳）
富田	女	1948	熊本	神奈川	71	――	股関節のけが・白内障	退職（50歳）
山川	女	1948	東京	東京	71	夫・娘・母	特になし	継続（工務店・事務）

ずつの人生回顧を分析し、高度経済成長期以降に展開した職業生活と家族生活をどのように評価しているのかについてみていく。分析課題は以下のとおりである。

まず男性について、初就職先の企業に定年まで勤め上げた経験と中途退職などの経験に着目し、それぞれどのように回顧・評価されるのかをみていく。次に、女性について、専業主婦としての経験と自営などで就業を継続した経験に着目し、それぞれどのように回顧・評価されるのかをみていく。そして、中年期・高齢期での大病の経験が、そうした職業・家族生活上の出来事に対する評価をどのように変更させるのかを検討する。

本章の分析対象は、NFRJ18質的調査（インタビュー調査、二〇一九年実施）対象者の七十歳代である七人（男性三人、女性四人。表1を参照）のうち、以下の四人に注目する。まず、大卒後に就職した大手企業に定年まで勤めた男性（多田さん）と高卒後に就職した企業に五十代前半まで勤め、退職・休職・転職した男性（杉浦さん）の比較をおこなう（第3節）。次に、結婚から現在まで専業主婦を継続した女性（天野さん）と自営業で就業を継続した女性（角田さん）の比較をおこなう（第4節）。このうち三人（杉浦さん、天野さん、角田さん）は、中年・高齢期に大病を経験している。

なお、本調査での人生回顧は、インタビューのなかで言及された職歴や家族歴に関する質問・回答が該当する。なかでも、共通質問である「家族をめぐる転機[17]」に対する回答・語り（転機の内容とそれに対する評価）に注目する。

3 定年まで勤め上げた／勤め上げなかった経験の意味――団塊世代男性の人生回顧

一九四七―四九年出生コーホートの男性は、定年まで勤め上げた／勤め上げなかった経験をどのように振り返るのか。本節では、大学卒業後に就職した大手企業に定年まで勤め上げた多田さんと、高校卒業後に就職した企業に五十歳代前半まで勤続し、中途で退職・休職・転職した杉浦さんの事例を検討する。

大手企業に定年まで勤め上げた経験

多田さん（五人きょうだいの次男、父職：印刷業・自営）は大学卒業後、大手製造会社に就職した。彼は、きょうだいのなかで唯一大学に進学し、大学の同期もみな大手企業に就職するような環境だった。三十歳のとき（一九七八年）、見合い結婚で会社員の女性と結婚した。妻は、結婚を機に退職し、専業主婦になった。結婚の翌年、第一子（長男）が、二年後に第二子（次男）が生まれた。そして、三十代半ばに持ち家を取得した。彼は、「会社人間」というほど企業組織の目標や規範、価値に同調せず、趣味活動（鉄道関係）と両立しながら働いた。現役当時は「会社から帰っても、十二時ぐらいまで（趣味活動を）やってた」という。そして、六十歳まで同社に勤続し、趣味活動に専念するため早期退職した（二〇〇八年）。

このように、彼のアイデンティティと人生目標は、職業役割よりも趣味関連の役割と結び付いていた。[18] しかし、いまの家族生活にとって欠かせない大きな出来事として、「それなりに大きな会社に勤められたこと」をあげている。その理由として、彼は「親孝行みたいなことできたし、自分もそれなりの低くない収入を得られた」ことをあげている。「親孝行」の詳細は不明だが、母親を長期に介護していた弟や家業を継いだ兄と現在も「仲良く」「意思疎通」がとれているという。そして、これらのことを「恵まれたのかも」と評している。「子宝に恵まれた」点にも言及しており、「大きな会社に勤められたこと」が定位家族ならびに生殖家族キャリアでも重要だったと肯定的に評価している。

一方、退職後の家族生活についての評価は、決して高くない。趣味活動に専念するために早期退職したにもかかわらず、現在は、現役当時と違って「〔朝晩〕三十分ぐらい散歩して、そんな状態続いてて、ちょっと何もすることがない」「スランプ状態」に陥っているという。加えて、「いまいちばん大変なこと」として、妻の病気をあげていて、現在の生活に対する評価が低くなっている。こうした状況に対して彼は、県外に別荘を購入し、「月に二～三回」リフォームしたり、そこで「サツマイモとかカボチャみたいなの植えて」、家庭菜園を新たな趣味にして対処している。

中年期での退職・転職の経験

一方、中年期での退職・転職の経験はどのように回顧・評価されるのか。杉浦さん（七人きょうだいの三男、父職：魚の仲買人）は高卒後、大阪の織物会社に入社し（一九六六年）、四年目（二十一歳）から約二十年間、本社の経理部門であらゆる仕事を経験した。二十九歳のとき（一九七七年）に結婚し、翌年、第一子（長男）が生まれ、その三年後に第二子（長女）が生まれた。そして、五十歳のとき（一九九八年）、「いちばん末席やけど」「高卒で取締役」になった。しかし、「同僚の悪だくみ」に遭い、五十二歳のとき（二〇〇〇年）に責任をとって退職した。彼は急性うつ病になり、一年半、療養した。ちょうど長女が短大に在学していたため、学費は傷病手当から捻出した。その後、求職活動をおこない、経理の経験を買われ、すぐに別の織物会社に再就職した。六十二歳（二〇一〇年）で退職したのちも知人に仕事を依頼され、現在も別の会社で仕事を続けている。

このように、杉浦さんは、高卒後すぐに入社した会社に約三十年間勤続し、安定した職業・家族生活を送っていたが、五十二歳での退職以降、相次いでライフコースを攪乱させる出来事を経験した。彼の場合、アイデンティティや人生目標が職業役割と結び付いていて、「会社人間」的側面を有していたため、中年期での予期しない退職・転職は衝撃的な出来事だった。「人生波瀾万丈やね」という彼は、この当時について、「悩みっていうの、わし、なかったんやけどね。やっぱ五十過ぎたぐらいから、何かね（笑）」「荒波やら」と振り返っている。

その後、六十代後半に娘の配偶者が急逝し、本人も大腸がんを患い、「波瀾万丈」な状態が続いている。そのため、将来の見通しもついていない。しかし、初職で築いた人間関係や経理部門での経験をもとに、彼は現在も仕事を継続している。こうした再就職キャリアの影響もあり、五十二歳時の退職について肯定的に捉え直そうとしている。彼が辞めた会社はその二年後に倒産し、「たまたま、辞めたのが、ちょっとおかしなって辞めたのが早かったんや」と述べている。彼は、「僕らが辞めたときがちょうど、あの、団塊の世代のリストラの時代」であり、「ちまたには、わしらぐらいの連中がね、ものすごい」いたと述べる。そして、彼は再就職した会社で、そうした人たちを「審査〔採用〕する」立場になり、「基本的に、あの、〔向こうは自分を〕売ってくるけど、五分五分やんね」と感じた。このように、彼は当時の時代状況や同世代の男性たちに言及しながら、自らの退職を肯定的に捉え直そうとしている。

以上のように、団塊世代の男性は、定年まで勤め上げた場合には人生回顧の評価が高く、勤め上げなかった場合には評価が低いことがわかる。それは、前者の多田さんのように、「会社人間」というほど企業組織にコミットしていない場合にも当てはまる。また、両者ともに、安定した職業経歴について、専業主婦の妻と子どもを養ううえで不可欠だという認識をもっていた。そして、後者の杉浦さんのように、定年まで勤め上げなかった経験（中途退職・転職）は、短期的には否定的に評価されていたが、長期的にみると「人生の糧」として、肯定的に再評価されていた。

4 専業主婦／就業継続の意味と夫婦での大病経験——団塊世代女性の人生回顧

前節でみたように、男性は「一人稼ぎ手」役割を期待され、遂行した経験を軸に人生を回顧していたが、女性の場合どうだろうか。専業主婦と自営業（就業継続型）の女性とで、どのような違いがあるだろうか。

また、中年期・高齢期での大病の経験は、人生回顧のなかでどのような意味をもつのか。本章の対象者七人のうち、五人が調査時点で何らかの病気に罹患していた（表1）。このうち三人は、六十歳代に大病（がん）を患い、手術を経て、二〇一九年現在も治療中だった。前節でみた杉浦さんは、六十九歳で大腸がんになり、医者に「五年後の生存率、二五％」と言われたという（インタビューは発病から二年後に実施）。彼が中年期での退職について肯定的に捉え直そうとしている背景には、退職よりも危機的な状況である大病に直面していることがあげられる。また、残りの二人はいずれも女性で、夫婦で大病を経験している。

本節では、結婚から今日まで専業主婦を継続した天野さんと、結婚後も自営業で就業を継続してきた角田さんの人生回顧を比較する。

夫婦での大病による主婦役割喪失の危機

天野さん（三人きょうだいの長女、父職：鉄工所・自営）は高校卒業後、地元の電力会社に就職した（一九六六年）。同期はみな高卒で、短大卒が入ってくるようになったのは数年後だった。入社のとき、上司から「女性は男性の補佐でいい」と言われ、「そんなに厳しいことを求められてなかった」ので、「とても楽しくぬくぬくとお仕事させてもらった」という。会社の福利厚生も充実していて、「お茶とかお花を習えた」。天野さんは、会社の補助で洋裁学校（夜学）に通い、資格を取得した。そして、二十三歳のときに社内結婚で「寿退社」した。当時、女性は「結婚と同時に辞めるっていう風潮」だったため、「会社はとってもいいところだから、涙流して辞めたんですけど、さようならって言って」退職した。

彼女は専業主婦として、夫の実家で義祖父母の介護や子育て、家事全般を担った。「主人なんてお勤め」なので、家事をしないことも彼女は当然と考えていた。夫の実家は「大家族」で、「親族の結束が固いので」「環境が違って考え方が違うと」「もういやだって思うようなことがいっぱい」あった。しかし、夫が「親を大事にしてたから」「絶対その後もやってくれるだろうと思って」納得してきたという。

このように、天野さんは、専業主婦としての経験を、当時の時代状況と照らし合わせて、当然のこととして回顧していた。結婚後の彼女のアイデンティティや人生目標は、専業主婦としての役割と強く結び付いていた[19]。

そうしたなか、夫婦で大病を患う経験は、どのような影響をもたらしたのか。彼女が五十九歳のとき（二〇〇九年）、夫が食道がんになり「大手術」を受け、二年後、彼女もがんを患い、手術を受けた。ちょうどそのころから義父母の在宅介護が始まり、この五年から六年の間は夫婦「二人ともダウン」していた。夫婦での大病は、彼女の主婦役割の遂行を困難にする出来事だった。しかし、彼女は、自分よりもつらい「大手術」を経験している夫を支えながら、家事や介護をおこなった。

現在は、夫婦ともに順調に快復していて、この一連の出来事について、彼女は肯定的に意味づけている。特に、「お互いに〔病気を〕やったから、思いやれる」というように、夫婦同時に大病を経験したというタイミングが結果的に夫婦の相互理解を促したという。「だから両方が病気して、私たちはよかったんだなって思ってます」とまで述べている。また、夫婦の病気が義父母の介護と重なったことも肯定的に捉え直している。それまで夫と義父は没交渉だったが、「最期本当に穏やかにね。主人と〔義父が〕お話ができるようになって」、相互理解が深まり、よかったと振り返っている。そして彼女も、自身が闘病中にもかかわらず、義父母の介護に積極的に関わり、「ラストはもう本当に、お義母さんもお義父さんも面倒みれてよかった」と述べている。

このように、中年期・高齢期の大病は、天野さんのアイデンティティや人生目標と結び付いていた主婦役割の遂行を困難にした。しかし、夫婦同時の大病というタイミングが夫婦の相互理解を促し、親の介護などの困難を克服するための資源になった。その後、天野さんにとっての懸念だった遺産相続や法事なども、「もう次の世代まで〔持ち越す〕っていうのも、すごくいやだった」が、夫がきょうだい（妹と義妹）と遺産を均等に相続し、問題なく解決した。そのように対応できたのも、

「二人が病気しなかったら、どういう気持ちになってたかは、ちょっとわからないんです」「いろいろと。そういうのをやっぱり気付かせるために、病気になったんかな、なんて思う」というように、大病の経験がいい契機になったと肯定的に捉えている。

夫婦での大病と職業役割喪失の危機

一方、結婚後も継続して就業していた女性は、アイデンティティや人生目標が職業役割と結び付いていた。自営業で就業を継続していた角田さん（四人きょうだいの長女）は兼業農家に生まれ、小さいころから農作業や家事を手伝っていた。二十歳のとき（一九六七年）に結婚・離家し、三年後、夫が「脱サラ」して「借金があった」ため、彼女は「お茶の販売」や「高校の食堂」などで「がむしゃらに働いた」。この間、実家に戻って父母と暮らしていたため、家事や子育てなど、両親を頼ることができた。息子の勉強は小学校までは彼女がみたが、中学生になってからは家庭教師に任せた。

彼女は、三十歳のころ（一九七七年）に父親から分けてもらった土地にアパートを建てて経営を始めた。また、彼女が四十歳のころ（一九八七年）に夫がラーメン店を開業すると、彼女も店を手伝うようになった。事業が次第に拡大していき、ラーメン店兼居酒屋を経営していたころは、「お金が入ってくるから、面白いんだよね。仕事が面白いんだよ。だって、だって、いつもお客さん、違う人、来るんだもん。常連さんでも、いつも違う人、来るし」と振り返る。

しかし、彼女が五十三歳のとき（二〇〇〇年）に夫が大病になり、ラーメン店は彼女が一人で切り盛りすることになった。彼女は、夫の通院の付き添いや看病と店舗経営を「必死で」やった。しかし、今度は彼女が六十一歳のとき（二〇〇八年）に乳がんになり、「もうどうしようもなくなっ」て店を閉じた。その後は、アパート経営だけ継続している。

仕事を第一としていた彼女にとって、病気による職業役割の喪失はライフコースを変化させる大きな出来事だった。彼女も、前述の天野さんと同様、人生の転機として「〔夫婦〕二人とも大病した」ことをあげている。また、夫婦で健康のために体力づくりの運動をするなど、「パパさんと二人がいちばん、〔お互いの気持ちを〕わかっている」と、夫と相互に信頼しあっている。しかし、大病については、前述の天野さんのようには肯定的に捉えていない。むしろ、夫婦ともに職業役割を喪失するきっかけになったため、否定的な出来事として捉えている。

また、現在の生活での困難として、六年前から同居している息子夫婦（主に息子の妻）との考え方の違い、不仲をあげている。そして、そのストレスによって「もうこれ以上、がんになったら困る」とも述べている。角田さんの場合、大病の経験は、現在の生活上の困難とあいまって、否定的な出来事として捉えられていて、現在の生活に対する評価も低くなっている。

ここまでみてきたように、二人の女性の人生回顧のなかで、高齢期での大病の経験は、命の危険と同時に、専業主婦や就業継続といった女性のアイデンティティと結び付く役割の喪失を意味した。特に、夫婦での大病経験は、家族生活上の転機として見なされるほど重大な出来事だった。専業主婦の場合、親の介護など、ほかの家族成員の役割移行と大病が重なると、なおさら深刻な出来事として認識されていた。また、自営業などで就業を継続していた場合、夫婦ともに、退職後の生活に苦しんだ。こうした危機的出来事に対し、天野さんのように夫婦で対処し、後続のさまざまな困難を解決できれば、大病の経験を「人生の糧」として肯定的に捉え直すことができる。一方、角田さんや杉浦さん（前節）のように、大病後に生じた問題が継続している場合、大病の経験はライフコースの撹乱要因、つまり否定的な影響を及ぼす出来事として捉えられている。

結びにかえて

本章では、一九四七―四九年出生コーホートを対象に、高齢者の人生回顧と現在の生活に対する評価について、NFRJ18質的調査データをもとに分析した。彼らは、後期高齢期を目前に自らがたどってきたライフコースを振り返り、アイデンティティの再確認と人生の意味づけをおこなっている。彼ら（男女二人ずつ）の人生回顧を性別ごとに検討した結果、以下三点の特徴が浮き彫りになった。

第一に、男性は、定年まで勤め上げた／勤め上げなかった経験を軸に、職業生活・家族生活を回顧していた。定年まで勤め上げた経験は、「一人稼ぎ手」役割を遂行するうえで重要だったと回顧していた。対照的に、中途退職など職業キャリアの中断は短期的には否定的に回顧しているが、再就職キャリアがうまくいった場合、長期的には「人生の糧」として肯定的に捉え直していた。

第二に、女性は結婚から今日にかけて専業主婦である場合、「家庭人間」としての自らの主婦役割を自らのアイデンティティと結び付けて回顧していた。また、結婚後、自営業などで就業を継続した場合、職業役割を自らのアイデンティティと結び付けて回顧していた。

第三に、中年期から高齢期にかけての大病の経験、とりわけ夫婦での大病は、前述のような高齢者のアイデンティティと結び付く役割の喪失を意味するライフコースの攪乱要因として見なされていた。ただし、人生を回顧する段階の健康状態や生活上の課題の有無によっては、大病の経験に対する評価が肯定的に変化する可能性を有していた。

このように、団塊の世代は、「近代家族」の理念や性別役割分業規範、同世代の人生などを参照しながら、自らの人生を回顧していた。一方、予期しない中途退職や大病を経験した対象者を中心に、自らの経験やアイデンティティを再考する姿もみられた。特に、子どもの職業生活・家族生活に言及しながら、自らの人生経験を相対化する様子がみられた。こうした人生回顧や意味づけは、今後も繰り返される。そのなかで、そのような意味づけは彼らがこれから直面するであろう配偶者との別れや疾病によって大きく変更すると予想される。戦後を生きた団塊の世代が、自らの人生を最終的にどのように意味づけるのか、継続的・定期的なインタビューをもとに解明していきたい。

注

(1) 内閣府「令和3年度 高齢者の日常生活・地域社会への参加に関する調査結果(全体版)」(https://www8.cao.go.jp/kourei/ishiki/r03/zentai/pdf_index.html)[二〇二三年二月二十七日アクセス]

(2) J・A・クローセン『ライフコースの社会学 新装版』佐藤慶幸/小島茂訳、早稲田大学出版部、二〇〇〇年、二八二ページ
(3) 同書二七〇ページ。なお、退職後の生活の現状については第12章「「仕事を辞めること」の語りと夫婦関係」(水嶋陽子) に詳しい。
(4) 前掲『ライフコースの社会学 新装版』二六五ページ
(5) 同書二六六ページ
(6) タマラ・K・ハレーブン『家族時間と産業時間』正岡寛司監訳、早稲田大学出版部、一九九〇年
(7) 藤崎宏子「ライフコースにおける転機とその意味づけ」、森岡清美/青井和夫編『現代日本人のライフコース』所収、日本学術振興会、一九八七年、七三―九九ページ
(8) 安藤由美「戦後日本の成人期への移行の変容」、岩上真珠編著『〈若者と親〉の社会学――未婚期の自立を考える』所収、青弓社、二〇一〇年、二二ページ
(9) 嶋﨑尚子『ライフコースの社会学』(早稲田社会学ブックレット、「社会学のポテンシャル」第二巻)、学文社、二〇〇八年、二二―二三ページ
(10) 天野正子「会社からの自立の条件――「家族と会社」の関係のつけ方」、天野正子編著『団塊世代・新論――〈関係的自立〉をひらく』所収、有信堂高文社、二〇〇一年、一五一ページ
(11) 同書一五三ページ
(12) 落合恵美子『21世紀家族へ――家族の戦後体制の見かた・超えかた[第4版]』(有斐閣選書)、有斐閣、二〇一九年、一七、一四五ページ
(13) 香川めい/児玉英靖/相澤真一『〈高卒当然社会〉の戦後史――誰でも高校に通える社会は維持できるのか』新曜社、二〇一四年、五〇ページ

(14) 前掲「会社からの自立の条件」一五三ページ

(15) 吉岡洋介「人口減少社会における定年退職と社会階層――男性高年齢者の分析から」、阪口祐介編著『2015年SSM調査報告書6 労働市場Ⅰ』所収、2015年SSM調査研究会、二〇一八年

(16) 木本喜美子編著『家族・地域のなかの女性と労働――共稼ぎ労働文化のもとで』明石書店、二〇一八年

(17) 転機とは、「人生全般にかかわる連続性と不連続性についての、とくに先行して現れた人生上の出来事に対する後に続く人生上の影響についての個人による主観的評価」である。正岡寛司/タマラ・K・ハレーブン「人生における転機と役割移行――ライフコースの知覚」、早稲田大学人間総合研究センター編「ヒューマンサイエンス」第二巻第一号、早稲田大学人間総合研究センター、一九八九年、三三ページ。なお、質問文は「これまでの人生を振り返ってみて、あれがなかったらいまの家族生活はなかったかもしれないと思うような重要な出来事がありましたら教えてください」である。

(18) この点について、彼は「やっぱり会社員だと、あのー、日本の場合」「マイナスにみる上司もいる」ため、「仕事人はあまり趣味のことを口に出さないほうがいいと」「反省」している。

(19) 一方、「娘たちの様子見てても、本当に一人前に男性とこう同じようにやってるので、あー、それが私たちはやっぱりこう、まだ見方にしてみればやさしいけど、もう一つ見方にしたら、すごく格差はありましたよね、本当に」と、現在と比べて当時を批判的に述べる場面もみられた。

結びにかえて

木戸 功／松木洋人／戸江哲理

本書では、団塊の世代から一九八九年生まれまでの五十九人による語りに基づいて、結婚と離婚、家事や子育て、仕事、余暇、中高年期の親やきょうだいとの関係などに注目しながら、日本の家族のすがたを描き出してきた。序章で述べたように、語り手たちが生きてきたのは、いわゆる「戦後家族モデル」が成立し、そして変容を始めたとされる時代である。しかし、その家族をめぐる語りに耳を傾けると、「戦後家族モデル」が安定していたとされる時代を生きた人々の複雑でニュアンスに富んだ家族をめぐる経験の過程は、しばしばそのモデルには収まりきらないことに気づく。同時に、そのモデルが揺らいでいるとされる近年でも、語り手たちの家族をめぐる経験には、安定期から様変わりしたようにみえる側面もあれば、それほど変わったようにはみえないところもある。

もちろん、モデルがモデルである以上、このことが「戦後家族モデル」という見方の妥当性をただちに損なうわけではないが、モデルで表現されるような典型的な家族のすがたからはときとして離れることもある経験の語りを記録して、その社会とのつながりを捉えることも社会学の重要な仕事だろう。本書はそのような試みの一つにほかならない。

さて、本書が基づくNFRJ18質的調査は、計画の段階からデータのアーカイブ化を目指しながら多人数の共同研究として質的調査を実施するという点で、おそらく先例がないものではないかと思う。初めてづくしの試みはなかなか苦労も多かった。記録の意味も込めて、少しばかり舞台裏のことに触れておきたい。実は何より大変だったのは、メンバーの出張に関わる経費の処理である。結果として百一人へのインタビューを実施したので、約二百件の出張申請があり、その分の旅費精算などの手続きをしたことになる。これらの事務手続きは、調査の実施主体であるNFRJ質的調査研究会の代表である木戸が所属する聖心女子大学でおこなった。

旅費精算の作業に加えて思い出されるのは、インタビューで記録した音声データの逐語録の確認である。文字起こし自体は信頼できる業者に委託したのだが、送られてくる逐語録の形式面での統一作業をメンバーによるダブルチェックでおこなった。木戸がこの統一作業の確認をおこなったのだが、結果として読んでしまう。そうすると、実際のインタビューの様子をうかがい知ることができるのだが(木戸自身がインタビューを担当したのは、急遽ピンチヒッターとなった二件だった)、原則二人一組のペアで実施したインタビュー調査にはいろいろな調査者の組み合わせがあり、それがとても面白かった。だから読んでしまう。比較的若い男性同士のペアで三十代前半の女性協力者に出産から子育てについてのお話をうかがうのはなかなかハードルが高そうとか、調査を通じてメンバー同士が懇意になるケースとか、また、もともと懇意だったメンバー同士の組み合わせで、名コンビといっていいペアが職人芸のような手さばきでインタビューを進めていく様子などを垣間見ることができた。

それは、プロジェクト全体を俯瞰的に見渡していた木戸だけでなく、実際の調査に赴くなかで戸江が実感していたことでもあった。協力者のお話の受け止め方やその掘り下げ方などの聞き取りの技法はもちろん、協力者の家までの道順の調べ方、玄関先での挨拶の仕方、手土産のチョイスに至るまで、戸江がペアを組んだ磯部香さん、開内文乃さん、三品拓人さん、そして本書の編者である松木には、それぞれの個性と持ち味があった（以下、敬称は「さん」で統一）。協力者のみなさんのお話をうかがいながら、傍らにいる「相棒」たちからも多くを学ぶことができた。それは今回のプロジェクトに参加したことによる思いがけない収穫だった（実査前の研究会で木戸も、「個人商店」であることが多い質的調査の専門家たちがお互いの技術を一斉に学び合う、かなり珍しい機会になるはずだと話していたと思う）。松木とともに、京都府の神谷さんのお宅にうかがったときのことを思い出す。戸江が神谷さんから、二時間にもわたって落ち着いて話を聞くことができたのは、松木がずっと神谷さんの幼い娘さんの遊び相手に専念してくれていたからこそである。こうした「連携プレー」はきっと、ほかのペアによっても繰り広げられていたにちがいない。

そのような実査での尽力を含め、本書がこうして無事に刊行されるに至るまでの長い年月とプロセスは、多くの方のご協力に支えられてきた。まずは、調査計画についての議論に始まり、日本各地での実査、その後のデータの加工作業に至るまで、多くの時間をNFRJ18質的調査に費やしてくれたNFRJ質的調査研究会のメンバーのみなさん。木戸と松木がこの調査の実施を中心的に担うことになったあと、二〇一五年の夏から秋にかけて、信頼する研究者に本調査への参加をお願いした。本書の編者である戸江に加えて、小倉康嗣さん、木下衆さん、久保田裕之さん、齋藤直子さん、阪井裕一郎さん、田中慶子さん、知念渉さん、藤間公太さん、苫米地伸さん、永田夏来さん、本多真隆さんの十二人である。この十四人をメンバーとして、木戸を代表、松木を副代表とする研究会が発足した。

その後、二〇一七年五月に、日本家族社会学会会員を対象にしたメンバーの募集をおこない、それに応じてくれたのが安達正嗣さん、安藤藍さん、岩下好美さん、笠原良太さん、角能さん、金恵媛さん、里村和歌子さん、鈴木富美子さん、須長史生さん、高丸理香さん、田中重人さん、開内さん、牧陽子さん、三品さん、水嶋陽子さん、水野奨さん、宮坂靖子さん、吉原千賀さんである。さらに、一八年十月には、翌年の実査を見据えてメンバーを補強するために磯部さんと大森美佐さんに加わってもらい、実査がスタートしたあとには、膨大な事務書類やデータの整理作業を石黒史郎さんと志田哲之さんが担当してくれた。

実査が始まる前に研究会への参加が難しくなってしまった小倉さん、水野さん、宮坂さんも含めて、本書の成立は研究会メンバーの一人ひとりのお力添えなくしてはありえなかった。特にNFRJ18研究会の事務局も担当していた田中慶子さんは、本調査に先立っておこなわれた量的調査との連携について、多大な労力を注いでくれた。また、各班の活動のとりまとめについては、班長の阪井さん（多様性班）、安達さん（家族と高齢者班）、鈴木さん（結婚・ワークライフバランス班）に大変お世話になった。

とはいえ、このように本書を読者の手に取っていただけるのは、それぞれのお名前を挙げることはできないものの、縁もゆかりもない研究者のために時間を割いて、ご自身の人生について話してくださった方々のご厚意のおかげである。一般性と固有性をあわせもつそれぞれの人生についての語りは、各章の執筆者が議論を展開する根拠になっていると同時に、さまざまな読者が自分の家族と照らし合わせたり、日本の家族のこれまでとこれからについて思いを馳せたりするきっかけにもなると思う。そのことが多少なりとも語り手のみなさまへの恩返しになっていることを願うばかりである。

また、序章でも言及したとおり、NFRJ18質的調査の実施についてはＪＳＰＳ科学研究費補助金の助成を受けたが、その申請にあたっては、木戸の当時の所属先である札幌学院大学の事務職員の方々に大変お世話になった。申請書のチェックを丁寧にしていただいたことで、不備を修正して完成させることができた。あの丁寧な作業がなければ採択されていなかったかもしれない。旅費の精算などでご負担をおかけした聖心女子大学の事務職員の方々にも大変お世話になった。ほかにも、メンバーの縁故を頼って実査前の予備調査にご協力いただいた方々、本書の出版を引き受けてくださった青弓社の矢野未知生さんなど、お世話になった方を挙げるときりがない。本当にありがとうございました。

このように多くの方に支えられてきたNFRJ18質的調査だが、振り返ってみると反省点や今後の課題も少なくない。まず一つ目は、本調査に先立っておこなわれた量的調査との接続についてである。本書のうち、量的調査から得られたデータを利用しているのは第10章に限られ、そこでも量的データの分析が知見の提示に結び付いているわけではない。量的調査の回答者からインタビュー調査の協力者を選択したという調査設計のメリットを生かしながら、量的データと語りの分析が密接に結び付くことで新たな知見を生み出すような研究が今後は期待される。

二つ目は、質的データを公開することのハードルの高さである。そもそも語りのデータを公開可能な状態にするための加工作業は現在も進行中だが、国内の代表的なデータアーカイブは量的データの寄託を前提にしていて、公開可能になったデータをどのように公開するのかのめどが立っていないのが現状である。

三つ目に、NFRJ18質的調査では、特定の世代、ライフイベント、社会階層などにターゲットを絞ることはしなかった。それはメンバーの多様な関心を反映するためではあったが、結果として、例えば団塊ジュニア、離婚の経験、貧困家庭などに注目しようとすると、該当する語り手の数はずいぶん少なくなってしまう。データとしての魅力という意味では、なんらかの観点からターゲットを絞るという選択もありえたのかもしれない。

最後に、実はNFRJ18質的調査は本書が基づくインタビュー調査では終わっていない。インタビューに応じてくださった方のうち八人の方々のご家族との生活をビデオカメラで記録する調査をこのあとに実施している。この調査については、その分析の成果を現時点では論文として公刊することができておらず、まさに今後の課題である。

以上のような反省点や積み残された課題はあるものの、それはNFRJ18質的調査が、あるいは、全国家族調査の一環として質的調査を実施する試みがさらなる展開の可能性をもっているということでもある。本書がその展開のためのきっかけになることを心から願っている。

二〇二四年九月

為」(「社会学評論」第70巻第4号)など

田中慶子(たなか けいこ)
千葉県生まれ
明治学院大学社会学部付属研究所研究員
専攻は家族社会学、ライフコース論
共編著に『日本女性のライフコース』(慶應義塾大学出版会)など

吉原千賀(よしはら ちか)
埼玉県生まれ
高千穂大学人間科学部教授
専攻は家族社会学、ライフコース論
著書に『長寿社会における高齢期きょうだい関係の家族社会学的研究』(学文社)、共著に『研究道』(東信堂)、『新訂 家族生活研究』(放送大学教育振興会)、論文に「NFRJ における量的アプローチと質的アプローチの統合」(「家族社会学研究」第34巻第2号)など

水嶋陽子(みずしま ようこ)
神奈川県生まれ
常磐大学人間科学部教授
専攻は家族社会学、社会老年学
共著に『科学化する日常の社会学』(世界思想社)、『家族のなかの世代間関係』(日本経済評論社)、『大学生のための社会学入門』(晃洋書房)など

笠原良太(かさはら りょうた)
茨城県生まれ
実践女子大学生活科学部専任講師
専攻は家族社会学、ライフコース社会学
共著に『台湾炭鉱の職場史』『〈つながり〉の戦後史』(ともに青弓社)、『芦別』(寿郎社)、論文に「石炭産業の漸次的撤退と閉山離職者の子どものライフコース」(早稲田大学文学研究科博士学位論文)、「なぜヤマの子どもは炭鉱マンになったのか」(「家族社会学研究」第33巻第2号)など

専攻は家族社会学
著書に『生涯未婚時代』（イースト・プレス）、共編著に『恋愛社会学』（ナカニシヤ出版）、共著論文に「若者における恋愛と結婚研究の動向」（「家族研究年報」第44号）など

大森美佐（おおもり みさ）
石川県生まれ
武蔵野大学非常勤講師
専攻は家族社会学
著書に『現代日本の若者はいかに「恋愛」しているのか』（晃洋書房）、論文に「若者たちにとって「恋愛」とは何か」（「家族研究年報」第39号）、「「愛―性―結婚」の現在地」（「現代思想」2021年9月号）など

安藤 藍（あんどう あい）
東京都生まれ
千葉大学教育学部准教授
専攻は家族社会学、福祉社会学
著書に『里親であることの葛藤と対処』（ミネルヴァ書房）、共著に『社会のなかの「少年院」』（作品社）など

鈴木富美子（すずき ふみこ）
静岡県生まれ
京都女子大学データサイエンス学部教授
専攻は家族社会学
共著に『夫婦の関係はどうかわっていくのか』（ミネルヴァ書房）、共著論文に「ダイアド・データによる夫婦関係の把握」（「社会と調査」第28号）など

須長史生（すなが ふみお）
東京都生まれ
昭和大学富士吉田教育部准教授
専攻はジェンダー論、男性性研究
著書に『ハゲを生きる』（勁草書房）など

里村和歌子（さとむら わかこ）
愛知県生まれ
九州大学人間環境学研究院／アジア・オセアニア研究教育機構助教
専攻は社会学、ジェンダー論
共著に『ジレンマの社会学』（ミネルヴァ書房）、論文に「「作家さん」の労働的行

[編著者略歴]
木戸 功（きど いさお）
神奈川県生まれ
聖心女子大学現代教養学部教授
専攻は家族社会学
著書に『概念としての家族』（新泉社）、共著に『よくわかる家族社会学』（ミネルヴァ書房）、論文に「家族社会学と質的研究」（「家族社会学研究」第23巻第2号）など

松木洋人（まつき ひろと）
兵庫県生まれ
早稲田大学人間科学学術院教授
専攻は家族社会学
著書に『子育て支援の社会学』（新泉社）、共編著に『岩波講座 社会学 第10巻 家族・親密圏』（岩波書店）、論文に「食物アレルギーのある子どもとその家族を支援する実践の論理」（「三田社会学」第29号）など

戸江哲理（とえ てつり）
大阪府生まれ
神戸女学院大学文学部准教授
専攻は家族社会学、コミュニケーション論
著書に『和みを紡ぐ』（勁草書房）、共著に『基礎からわかる社会学研究法』（ミネルヴァ書房）、論文に「子育て仲間を「する」」（「フォーラム現代社会学」第20号）など

[著者略歴]
齋藤直子（さいとう なおこ）
三重県生まれ
大阪教育大学総合教育系特任准教授
専攻は部落問題論、家族社会学
著書に『結婚差別の社会学』（勁草書房）、共著に『入門 家族社会学』（新泉社）、『生活史論集』（ナカニシヤ出版）、『講座 近現代日本の部落問題3 現代の部落問題』（解放出版社）、論文に「交差性をときほぐす」（「ソシオロジ」第66巻第1号）など

永田夏来（ながた なつき）
長崎県生まれ
兵庫教育大学大学院学校教育研究科准教授

日本《にほん》の家族《かぞく》のすがた　語りから読み解く暮らしと生き方

発行――2024年11月19日　第1刷
定価――2600円＋税
編著者――木戸 功／松木洋人／戸江哲理
発行者――矢野未知生
発行所――株式会社青弓社
〒162-0801 東京都新宿区山吹町337
電話 03-3268-0381（代）
https://www.seikyusha.co.jp
印刷所――三松堂
製本所――三松堂

ISBN978-4-7872-3548-0　C0036